Michaela Glöckler, Andreas Neider, Hartmut Ramm

Corona – eine Krise und ihre Bewältigung

Verständnishilfen und medizinisch-therapeutische Anregungen aus der Anthroposophie

Die Corona-Pandemie besser verstehen

Was hat uns die Corona-Krise zu sagen? Wie konnte sie entstehen, welche Lehren sind daraus zu ziehen, in welchen naturwissenschaftlichen, medizinischen, historischen, gesellschaftspolitischen und kosmischen Zusammenhängen ist sie zu sehen? Fragen, auf die dieses höchst lesenswerte Buch Antworten sucht und findet.

Spannend daran sind vor allem die verschiedenen Perspektiven, aus denen die Autor*innen auf das Geschehen schauen: Die Kinderärztin und langjährige Leiterin der Medizinischen Sektion am Goetheanum Dr. Michaela Glöckler aus Sicht der Anthroposophischen Medizin; der Autor und Veranstalter der Stuttgarter Bildungskongresse Andreas Neider aus Sicht der globalen Geopolitik; der Botaniker Dr. Hartmut Ramm aus Sicht der Kosmologie unter Berücksichtigung der chinesischen Kultur und Geschichte. Vor allem dieser dritte Teil des Buches eröffnet völlig neue und überraschende Einsichten in die Zusammenhänge von Makro- und Mikrokosmos und die Bedeutung der Gestirne für das Leben auf unserem Planeten.

Wer besser verstehen will, was es mit SARS-CoV-2 auf sich hat und warum diese Pandemie gerade jetzt zu uns gekommen ist und welche Möglichkeiten und Chancen sich mit ihr eröffnen, dem sei die Lektüre dieses spannenden Buches ans Herz gelegt.

Anette Bopp, Gesundheit-Aktiv

Michaela Glöckler
Andreas Neider
Hartmut Ramm

Corona – eine Krise und ihre Bewältigung

Verständnishilfen und medizinisch-therapeutische
Anregungen aus der Anthroposophie

AKANTHOS AKADEMIE
Edition Zeitfragen

Akanthos Akademie für Anthroposophische
Forschung und Entwicklung · Stuttgart

Wichtiger Hinweis
Die Anregungen in diesem Buch sind nach bestem Wissen und Gewissen sorgfältig erwogen und geprüft worden. Sie stellen jedoch keinen Ersatz für eine medizinisch notwendige Betreuung dar. Eine Haftung für den Eintritt eines Erfolges oder für Schäden, die sich aus dem Gebrauch oder Missbrauch der in diesem Buch dargestellten Sichtweisen, Anregungen und Übungen ergibt, ist für den Verlag und die Autoren und deren Beauftragte ausgeschlossen.

Im Gedenken an den anthroposophischen Arzt Dr. Giancarlo Buccheri, der am 7. April 2020 in seinem siebzigsten Lebensjahr in Mailand auf der Intensivstation in Folge der COVID-19 Infektion verstorben ist.

Bibliographische Information der Deutschen Nationalbibliothek: Die Deutsche Nationalbibliothek verzeichnet diese Publikation in der Deutschen Nationalbibliographie; detaillierte bibliographische Daten sind im Internet über dnb.dnb.de abrufbar.

2. aktualisierte Auflage 2020
Textredaktion: Andreas Neider
Satz und Gestaltung: Akanthos Akademie e.V.
Zur Uhlandshöhe 10, D-70188 Stuttgart
www.akanthos-akademie.de
Umschlagmotiv: adobe stock
© 2020 Akanthos Akademie e.V., Stuttgart
Herstellung & Verlag: BoD - Books on Demand, Norderstedt
ISBN 9 783751 917919

INHALT

Vorwort zur 2. Auflage *8*
Vorwort *10*

Michaela Glöckler: Fragen und Überlegungen zur Corona-Krise aus medizinischer Sicht **14**
Wie kam es zu der Pandemie? *14*
Warum ist COVID-19 gefährlicher als eine „normale" Virus-Grippe? *17*
Was sind Viren? *19*
Warum reagieren die Menschen so unterschiedlich auf ein Virus? *24*
Warum hat der Mensch andere Probleme und Möglichkeiten im Umgang mit Krankheit als Tiere und Pflanzen? *28*
Welches ist die „richtige Vorgehensweise", um der Pandemie zu begegnen? *32*
Zwischen Panik-Szenarien und Verharmlosung: Wo stehen wir? *35*
Menschenbild und Denkweisen in der Medizin – braucht es auch eine „Gedankenwende"? *39*
Anthroposophische Medizin – ein integrativmedizinischer Ansatz *44*
Welche Möglichkeiten bietet die Anthroposophische Medizin zur Vorbeugung und Behandlung von COVID-19? *49*
Was für Kinder in der Krise wichtig ist *56*
Was macht die Krise mit uns? *60*
Wie wird es nach Corona weitergehen? *63*

Andreas Neider: Versuch einer Symptomatologie der weltweiten COVID-19 .... **67**
Was sagen uns die Pandemien des 20. und 21. Jahrhunderts? *67*

Der Ausbruch der Corona-Krise in China und ihre weltweite Verbreitung *70*
Exekutives Handeln allein aus epidemiologischer Sicht als Teil der Symptomatik *76*
Die geopolitische Stellung Chinas und das Jahrhundert Asiens ... *86*
Der Einfluss von Bill Gates und seiner Stiftung im Zusammenhang mit der Corona-Krise *94*
Verschwörungstheorien über den Auslöser der Pandemie *99*
Rudolf Steiners Aussagen zu den Ursachen epidemischer Erkrankungen *102*
Klima, Flüchtlinge und Transhumanismus – Isolation als Symptom einer Menschheitskrise *105*
Die Medien und das Internet in der Corona-Krise *110*
Mit dem Herzen denken – Spirituelle Hilfen zur Überwindung der Corona-Krise *113*
Der Tod ist nicht das Ende - Vergesst die Verstorbenen nicht!. *119*
Vorbeugen für die Zukunft *121*

Hartmut Ramm: Zur kosmologischen Symptomatologie von Grippe-Pandemien 125

Eine neue Pandemie *125*
Kosmologische Symptome *127*
Das ruhige Weltenherz *132*
Die umfassende Konjunktion vom 13. Januar 2020 .... *136*
Das Corona-Virus, der Hitzesommer 2003 und die Sternensprache der Jahrtausendwende *144*
Es gibt einen Weg hinaus *149*

Anhang Weiterführende Literatur und Internetseiten 155

Literarische und dichterische Werke und ein Kinderbuch *155*

Medizinische und volkspädagogische Literatur..........158
Politische und zeitgeschichtliche Literatur zum Verständnis Asiens und Chinas im 21. Jahrhundert..........161
Literatur zur anthroposophischen Meditation, zur goetheanistischen Naturbeobachtung und zum vertieften Verständnis der Evangelien..........162
Kosmologische und christologische Literatur..........165
Zum Abschluss noch ein Bildband..........166
Weiterführende Internetseiten..........166

Über die Autoren **169**

Vorwort zur 2. Auflage

Bereits zu Beginn der Corona-Krise wurde deutlich, dass diese Krise zwei Gesichter hat: Das eine ist gezeichnet von Angst und Panik wegen einer unbekannten Virusinfektion mit möglicherweise dramatisch-tödlichen Folgen. Die auch durch den Mangel an Schutzkleidung ausgelöste Panik, Kliniken und Arztpraxen könnten dem Ansturm an akut Erkrankten nicht gewachsen sein, führte schließlich zum Lockdown, in dessen Folge Existenzängste, die Zunahme von häuslicher Gewalt und hohe Bildschirmzeiten vor allem für Kinder und Jugendliche den Alltag bestimmt haben – begleitet von überwachungsstaatlichen Maßnahmen, die man in dieser Form noch nie erlebt hat.

Das andere Gesicht der Krise jedoch ist tröstlich und geprägt von großer Hilfsbereitschaft, Entschleunigung, Besinnung, Freude am Wesentlichen, einem neuen Blick auf die Natur und ihre Schönheit, dem Mut, neue Fragen zu stellen und dem Willen, jetzt wirklich ernst zu machen mit einem Beitrag zu dem Systemwandel, den die ökologische und soziale Krise der Gegenwart schon lange herausgefordert hat.

Die Corona-Krise als Chance zur Weiterentwicklung zu begreifen und eine ganzheitliche Sicht auf die Pandemie so wie ein differenziertes Verständnis von Gesundheit und Krankheit in den Blick zu nehmen, ist auch das Anliegen dieser 2. Auflage unseres Buches. Dabei haben wir lediglich einige Druckfehler korrigiert, am Inhalt jedoch nichts geändert, da dieser auch in der jetzigen Phase der Krise noch unverändert aktuell ist.

Es geht uns darum, einen Beitrag zu leisten, der hilft, der Gefahr zu begegnen, dass aus der aktuellen Krisenbewältigung eine Art Gesundheitsdiktatur entsteht, die in flächendeckenden Tests, der Tracking-App und der

Hoffnung auf den Impfstoff die einzig mögliche Zukunftsperspektive sieht – begleitet von einer politisch motivierten und auf einen weiter ausgebauten Kontrollapparat zielenden Digitalisierung aller gesellschaftlichen Bereiche.

Wir hoffen, dass unser Corona-Buch, das inzwischen in französischer und demnächst auch in englischer, spanischer und italienischer Sprachen gelesen werden kann, dazu beitragen wird, das freundliche Gesicht dieser Krise zu verstärken und Mut zu machen, die individuelle und soziale Entwicklung mit verstärkten Kräften in die Hand zu nehmen.

Michaela Glöckler, Andreas Neider, Hartmut Ramm.
Dornach, Stuttgart, Basel – zur Pfingstzeit 2020

Vorwort

"Wo aber Gefahr ist, wächst das Rettende auch!"
F. Hölderlin[1]

Diese Schrift möchte in der jetzigen Situation, wo wir uns noch mitten in der Krise befinden, einen Beitrag zum Verständnis ihrer Ursachen leisten und Perspektiven zur Bewältigung aufzeigen. Auch wenn in den vergangenen Wochen und Monaten schon Vieles geschrieben und gesagt worden ist, auch aus anthroposophischer Sicht[2], scheint es uns wichtig, noch weitergehend an einer Symptomatologie der Krise zu arbeiten, auch in kosmologischer Hinsicht. Denn dass die Sternenwelt und insbesondere die Sonne, die mit Licht, Wärme und ihrer zirkadianen Rhythmik das Leben auf der Erde entscheidend mitbestimmt, in epidemischen Großereignissen ebenfalls zur Symptomatik beiträgt, wird oft vergessen.

Damit möchten wir anregen, aus den Symptomen, die die Krise zu Tage fördert, möglichst viel Erhellendes abzulesen für die nächsten Schritte unseres Handelns und unseres gesellschaftlichen Engagements. Denn darüber geben wir uns keiner Illusion hin – die härtesten Zeiten

---

[1] Friedrich Hölderlin, aus dem Hymnus *Patmos*.
[2] In den anthroposophischen Medien sind bis zum Zeitpunkt der Veröffentlichung dieser Schrift und seither fortlaufend zahlreiche weiterführende und ergänzende Artikel zu dem in diesem Buch Ausgeführten erschienen. Wir weisen hier wegen der Vielzahl der Beiträge nur auf die entsprechenden Ausgaben hin: *Das Goetheanum*, ab *Ausgabe 12/ 2020, Mitteilungen,* Ostern 2020, *Info3* Heft *5* und *6 2020* sowie *Die Drei Ausgabe 4, 5 und 6/2020*. Besonders hingewiesen sei auf den am 5. Juni in *Das Goetheanum 23/2020* erschienenen ausgezeichneten Aufsatz von Michael Esfeld, *Corona-Notstand – der Missbrauch von Wissenschaft*, in dem der Autor, der als Philosoph an der Universität von Lausanne lehrt, auf den politischen Missbrauch wissenschaftlicher Erkenntnisse im Zuge der Corona-Krise aufmerksam macht.

stehen uns noch bevor: Wie geschieht die Rückkehr in die Normalität? Kann das Positive, das durch die Krise auch geweckt wurde, nachhaltig werden und sich weiter entwickeln? Oder werden zunehmend diktatorische Maßnahmen im Namen der Gesundheit den neuen Alltag prägen?

Konkret stellt uns die Corona-Krise weltweit auf eine harte Probe. Im Zentrum stehen die an COVID 19 Erkrankten und unter diesen besonders die Angehörigen der Risikogruppen, die schon ein geschwächtes Immunsystem haben. Sie brauchen in dieser Zeit ein stützendes Umfeld. Angst und Sorge um geliebte Menschen trifft den Nerv unserer Existenz ebenso, wie unser Umgang mit Sterben und Tod. Und oft ist es erst der Tod, der uns die Unersetzlichkeit eines Menschen zum Bewusstsein bringt. Arbeit kann man an andere übergeben – die Menschen aber, die gehen, sind unersetzlich. Daher auch die schmerzlichen Fragen, ob und wie es nach dem Tod weitergeht – der Verlust ruft die Sehnsucht wach, auf andere, innerliche Art weiter in Verbindung zu bleiben.

Andere Probleme haben die positiv Getesteten, die in Quarantäne gehen müssen und die große Mehrheit der Gesunden, die infolge der verhängten staatlichen Maßnahmen ihre Arbeit nicht mehr ausüben kann. Schwerste wirtschaftliche Verluste sind die Folge, und Viele bangen um ihren Arbeitsplatz, ihre materielle Existenz. Andere wiederum, insbesondere die im Medizinbetrieb Tätigen, werden in extremer Weise beansprucht und herausgefordert, über die eigenen Grenzen hinaus tätig zu sein, um zu helfen. Und dann sind da die besonders hart Getroffenen, die sozial Zwangsisolierten, die in den Institutionen (Seniorenheime, Kliniken) vor Ansteckung geschützt werden sollen und keine Besuche mehr empfangen dürfen, weil man noch nicht genügend Schutzkleidung hat. Sie werden von Angst und Verzweiflung geplagt und von dem Gefühl, vom Leben wie abgeschnitten zu sein. Aber auch die Schüler*innen und Pädagog*innen sind vom vertrauten sozialen Umfeld isoliert – kurzum: es gibt im Moment praktisch keinen Menschen, der nicht von dieser globalen Krise mehr oder weniger direkt betroffen wäre.

Das hat es in dieser Form noch nie gegeben und ruft neue Fragen auf – vor allem die: Ist das, was wir gesellschaftlich gerade erleben, ein neues „Pandemie-Regime", das uns jederzeit wieder treffen kann? Was werden wir aus der Krise lernen und danach hoffentlich anders machen? Wie wird die internationale Staatengemeinschaft sich weiter entwickeln? Wird sie im Anschluss an diese Krise trotz der wirtschaftlichen Einbußen in der Lage sein, die globalen Existenzfragen des Klimaschutzes und der notwendigen Agrar- und Verkehrswende weiter zu verfolgen? Jetzt vielleicht sogar mit mehr Einsicht und politischem Willen? Was kann die Zivilgesellschaft dazu beitragen?

Die Corona-Krise hat es jedenfalls geschafft: Alle Menschen in den westlichen und östlichen Industrieländern sitzen im selben Boot und müssen sich fragen, wie sie diese Krise bewältigen und überwinden können. Selbst *Greta Thunbergs* Appell auf dem Davoser Weltwirtschaftsforum 2019: „Ich will, dass ihr in Panik geratet!", scheint jetzt in aller Welt und vor allem von den Politikern befolgt zu werden. Können wir von dieser Krise lernen, es mit den anderen Überlebensfragen unseres Ökosystems ebenso ernst zu nehmen? Bis jetzt haben sich die Verantwortlichen in der Staatengemeinschaft trotz der Flüchtlingskrise, trotz „Fridays for Future" und „Borderline-Europe" politisch noch auf großer Distanz gehalten – wodurch diese ökologische Überlebensfrage und ihre tatsächliche Dramatik noch lange nicht so in der Öffentlichkeit angekommen ist, dass nahezu jeder mitmacht, wie das jetzt bei der Corona-Krise der Fall ist. Vielmehr droht jetzt außerdem leider die Gefahr einer Renationalisierung zugunsten nationaler und lokaler Einzelinteressen.

Aus der großen Betroffenheit heraus machen aber auch Verschwörungstheorien diversester Art die Runde. Liegt es doch nahe, für eine Bedrohung irgendwo einen Schuldigen zu suchen und von der eigenen Mitverantwortung abzulenken. Wie aber damit umgehen? Wie bleibt man urteilfähig?

Diese Krise spricht in ihrer ganzen Dimension so zentrale Bereiche unseres Menschseins an, dass ein wirklichkeitsgemäßes Denken über ihre eigentlichen Ursachen unabdingbar ist, um zu einem therapeutisch wirksamen Handeln zur Überwindung dieser Krise zu kommen. Mit der hier vorgelegten Symptomatologie der Corona-Krise aus medizinischer, gesellschaftlich-sozialer und kosmologischer Sicht möchten wir zugleich einen Beitrag leisten zu einer lebensgemäßen, ökologischen Denkweise. In Form der Anthroposophie *Rudolf Steiners* (1861-1925) hat diese Denkweise auch in globaler Hinsicht schon viele positive Kulturalternativen hervor gebracht. Wir hoffen, dass sie auch für die Corona-Krise Anregungen geben und Perspektiven aufzeigen kann[3].

Michaela Glöckler, Andreas Neider, Hartmut Ramm.
Dornach, Stuttgart, Basel – Ostern 2020

---

[3] Rudolf Steiner (1861-1925), der Begründer der Anthroposophie, der Waldorfpädagogik, der biologisch-dynamischen Landwirtschaft und der anthroposophischen Medizin hat sich anlässlich der „Spanischen Grippe", die 1918-1920 weltweit über 50 Millionen Tote forderte, mehrfach zu den Ursachen und geistigen Hintergründen solcher Epidemien geäußert. Vgl. dazu die im April 2020 erschienene Zusammenstellung von Texten Rudolf Steiners zu Epidemien unter dem Titel *Okkulte Epidemiologie*, hrsg. von Frank Linde.

Michaela Glöckler

Fragen und Überlegungen zur Corona-Krise aus medizinischer Sicht

Wie kam es zu der Pandemie?

Am 7. Januar 2020 wurde das neuartige Corona-Virus bereits als SARS-CoV-2 identifiziert. Die Entwicklungsschritte im Ausbruch der Pandemie sind rasant: Nachdem das Virus wohl auf einem Wildtiermarkt in der zentralchinesischen Metropole Wuhan erstmalig einen Menschen infizierte, rückblickend wird November 2019 genannt, meldet das Land erst am letzten Dezembertag 27 Fälle einer Lungenentzündung unbekannter Ursache an die WHO. Erst am 1. Januar 2020 schließen die Behörden den Huanan-Markt, täglich verlassen in diesen Monaten noch 30.000 Reisende den Verkehrsknotenpunkt Wuhan in alle Welt, bis die Stadt am 23. Januar abgeriegelt wird. Zeitgleich veranlasst Taiwan, Reisende aus der Region bei ihrer Ankunft zu überprüfen. Das demokratische Land gilt seither als Vorbild in der Virus-Bekämpfung. Taiwan war auch das erste Land, welches noch vor China die WHO informierte, aber die Seuchenschutzbehörde reagierte damals noch nicht.

Am 9. Januar verstirbt offiziell der erste Patient an der SARS-CoV-2-assoziierten Lungenentzündung. Die Experten sind jetzt alarmiert, die letzten Corona-Epidemien – SARS, MERS (siehe S. 17) – waren gefährlich und hatten hohe Todesraten. Am 12. Januar entwickelt die Charité Berlin um Prof. *Christian Drosten* eine PCR-Testmethode, am nächsten Tag wird in Thailand der erste Ansteckungsfall außerhalb Chinas entdeckt, zwei Tage später in Japan und Südkorea. Am 30. Januar ruft die WHO den „Notfall für die öffentliche Gesundheit von internationalem Ausmaß" (PHEIC) aus.

Nach dem Bekanntwerden der neuen Lungenkrankheit, die von der WHO den Namen COVID-19 bekam, ist so gut wie kein Tag vergangen, an dem nicht das Neueste über die Ausbreitungswege der inzwischen weltweit präsenten Pandemie medial vermittelt wurde. Aber auch, welche enormen Konsequenzen man von Regierungsseite für das gesamte politisch-soziale und wirtschaftliche Leben der Bürger*innen daraus gezogen hat. Dadurch hat sich das Bewusstsein von uns allen schlagartig geändert, das Wirtschaftsleben massivste Einbußen erlitten, das kulturelle Leben einschließlich der Universitäten, Schulen und Kindergartenbetriebe kam zum Erliegen, Sozialkontakte wurden dramatisch reduziert und zum Teil komplett untersagt sowie die gewohnten persönlichen und sozialen Freiheitsrechte im Kontext demokratischer Systeme außer Kraft gesetzt.

Hinzu kommt die Angst, die allgegenwärtig ist. Was früher ein normaler Schnupfen, Husten oder eine im Anzug begriffene Grippe war, löst jetzt unter Umständen Panik aus und droht die Ambulanzen der Kliniken und die Telefonleitungen der Arztpraxen zu überfordern. Schreckensbilder aus Italien haben sich über die TV-Nachrichten und das Internet ins Bewusstsein eingeprägt und manch einer sieht sich ebenfalls schon auf dem Weg ins Grab oder stellt sich vor, wie es ist, zu ersticken.

Da ich selbst in den vergangenen Monaten mit vielen Menschen im Gespräch war bzw. in E-Mail-Austausch stand, haben sich eine Reihe von Fragen und Überlegungen immer wieder neu als besonders relevant herausgestellt, weshalb ich meinen Beitrag zu diesem Buch auf diese Fragestellungen und meine Überlegungen dazu fokussieren will. Auch wenn es sicherlich zum jetzigen Zeitpunkt noch zu früh ist, zufriedenstellende Antworten auf die vielen uns bewegenden Fragen zu finden, ist es doch wichtig, gerade jetzt, wo auch Zeit dafür bei vielen Menschen vorhanden ist, Anregungen darüber auszutauschen, wie diese Pandemie zu verstehen ist, wie lange sie wohl dauern wird, was die Folgen sein werden und wie man das Beste aus dieser Krise machen kann, die ja jeden einzelnen von uns in sehr unterschiedlicher Weise betrifft.

Als förderndes Mitglied von *Médecins sans frontières MSF/Ärzte ohne Grenzen*, möchte ich jedoch an dieser Stelle noch etwas vorausschicken. Ich verfolge die enormen Anstrengungen von MSF, die Lage vor Ort in den unterprivilegierten Ländern zu recherchieren, wo immer möglich organisatorisch zu raten und auch direkt zu helfen. Denn dort gibt es Hunderttausende, die ohnehin mit chronischen Krankheiten ringen wie HIV, Hepatitis, oder Tuberkulose und daher besonders anfällig für das neue Virus sind. Ganz zu schweigen von den geflüchteten Rohingyas, die auf so engem Raum in den Camps zusammen leben müssen, dass von Abstandsregeln und häufigem Händewaschen nur geträumt werden kann. Entsprechend groß ist die Sorge bei denen, die die Mitverantwortung für diese Menschen fühlen.

Ich möchte die Gelegenheit nicht versäumen, an dieser Stelle MSF als Beispiel für die vielen großen und kleinen Initiativen zu nennen, die sich vor Ort ein Bild der Lage verschaffen, aller Sorge, sich vielleicht selbst auch in Gefahr zu bringen zum Trotz. Ohne Angst und mit viel Empathie das organisatorisch möglich und praktisch Realisierbare zu tun – es verdient unsere Unterstützung, Dankbarkeit und tiefen Respekt. Ein Buch dazu erschien vor wenigen Jahren unter dem Titel „Mut und Menschlichkeit" [4]. Medizin will der ganzen Menschheit dienen –

---

[4] Tankred Stöbe, *Mut und Menschlichkeit. Als Arzt weltweit in Grenzsituationen*, Frankfurt M. 2019.

sie gehört allen, steht aber sehr unterschiedlich zur Verfügung. Wie dies zu ändern ist, ist auch eine Frage, die durch die Corona-Krise stärker als sonst ins Bewusstsein kommt, und ich hoffe, dass einiges von dem hier Vorgebrachten helfen kann, darauf eine Antwort zu finden. Es ist jedenfalls ein Glück, dass die Zivilgesellschaft zunehmend aktiv wird, wo die Regierungsverantwortlichen versagen. Es ist aber auch eine Notwendigkeit, ohne die es immer weniger gehen wird. Wir sitzen alle im selben Boot und jeder kann beitragen zu einer „Corona-Wende".

Warum ist COVID-19 gefährlicher als eine „normale" Virus-Grippe?

Auch wenn die Fallzahlen nicht so groß waren wie befürchtet, so war doch die Sterblichkeit bei dem Schweren Akuten Atemwegssyndrom/Severe Acute Respiratory Syndrome/SARS, das 2002 ebenfalls von China und vermutlich von Fledermäusen ausging, hoch. Es infizierten sich 8000 Menschen, von denen 774 starben, das heißt 10%. Auch das Middle East Respiratory Syndrome/MERS-CoV, von Kamelen übertragen, erfasste 1200 Menschen und kostete 447 von ihnen das Leben.

Die Familie der *Coronaviridae* ist groß und für ein breites Spektrum von Erkrankungen bei Mensch und Tier verantwortlich. Auch wenn sie beim Menschen allermeist nur Schnupfen verursachen, können sie eben doch auch zu lebensbedrohlichen Krankheitszuständen Anlass geben. Auch wenn die Komplikationsrate bei COVID-19, soweit den Statistiken bisher zu entnehmen, deutlich niedriger ist als bei den vorangegangenen Corona-Epidemien, ist doch die COVID-19-assoziierte Lungenentzündung besonders heimtückisch. Das unterscheidet sie zum Beispiel von der klassischen Lungenentzündung, die durch Pneumokokken hervorgerufen wird. Diese beginnt meist mit akuten Symptomen wie Fieber, körperlicher Schwäche und großem Unwohlsein, zwingt ins Bett und ist, da durch Bakterien verursacht, bei Bedarf antibiotisch gut behandelbar. Demgegenüber werden die durch Viren hervorgerufenen Lungenentzündungen als atypisch bezeichnet, weil hier nicht die Lungenbläschen selber, wie bei der Pneumokokken-Pneumonie, sondern die bindegewebigen Zwischenräume entzündlich anschwellen. Das kann langsam beginnen, sich dann plötzlich dramatisch zuspitzen und die Empfindung des Ertrinkens auslösen. Dann ist neben Sauerstoffgabe meist auch die intensivmedizinische Betreuung einschließlich maschineller Beatmung notwendig.

Im Gegensatz zur klassischen Lungenentzündung, die antibiotisch behandelt werden kann, hat die Schulmedizin keine spezifischen Medikamente, die die Aktivitäten des Virus stoppen könnten. Es gibt zwar sogenannte antivirale Medikamente – diese sind jedoch nicht COVID-19 spezifisch und haben erhebliche Nebenwirkungen. Daher setzt man bei der Behandlung virusbedingter Erkrankungen auf Impfungen und, so vorhanden, Behandlung mit spezifischen Antikörpern, den sogenannten Hyperimmunglobulinen, die die Viren inaktivieren können. Diese aber kann man nur aus Organismen, auch Menschen, gewinnen, die die Krankheit überwunden haben und durch die Überwindung der Krankheit die entsprechenden Immunglobuline bilden konnten.

Diese Behandlungsmöglichkeit steht jetzt noch nicht zur Verfügung. Umso interessanter ist in diesem Zusammenhang die Tatsache, dass in China die meisten Patienten in der Krise auf die Traditionelle Chinesische Medizin gesetzt haben und sich auch in Europa die supportiven Therapieverfahren der Homöopathie und Anthroposophischen Medizin zu bewähren scheinen. Jedenfalls kann man auf die Auswertungen der Krankengeschichten nach der Krise gespannt sein.

Was sind Viren?

Das Wort Virus stammt aus dem Lateinischen und bedeutet Schleim, Gift, Geifer. In die Medizin eingeführt hat es der römische Enzyklopädist *Aulus Cornelius Celsus* (25 v.Chr. – 50 n.Chr.)[5] Seine acht Bücher zu den medizinischen Fachgebieten wurden im 15. Jahrhundert erstmals gedruckt und breit zugänglich. Viele seiner Behandlungsvorschläge – zum Beispiel die physiologische Fieberbehandlung bei Entzündungen – machen auch heute noch Sinn. Da es damals noch keine Elektronenmikroskope gab, konnte man zwar Gift beinhaltende Flüssigkeiten wie Speichel und andere Sekrete und Exkremente, oder verdorbenes Wasser als Krankheitsursache identifizieren, nicht jedoch die darin vorhandenen Verursacher des Problems. Entsprechend ist die Virusforschung ein Kind des 20. Jahrhunderts. Die Corona-Viren kennen wir erst seit den späten sechziger Jahren. Aber erst seit Erfindung der Kryo-Elektronenmikroskopie, für die 2017 der Chemienobelpreis an *Jacques Dubochet* (Schweiz), den gebürtigen Deutschen *Joachim Frank* (Vereinigte Staaten) und *Richard Henderson* (Großbritannien) ging, ist das Sichtbarmachen von einzelnen Biomolekülen möglich. Diese Methode vereinfacht und verbessert das Sichtbarmachen von Biomolekülen so sehr, dass damit eine neue Ära der Biochemie begonnen hat.

Unter der Überschrift *Pandemien und ihre Ursachen: So züchtet der Mensch ungewollt neue Seuchen* schrieb der Wissenschaftsjournalist und Biologe *Philip Bethge* am 3. April 2020 in Spiegel/Wissenschaft einen bemerkenswerten Beitrag.[6] Er schreibt, dass der Ausbruch der jetzigen

---

[5] Vgl. https://de.wikipedia.org/wiki/Aulus_Cornelius_Celsus.

[6] https://www.spiegel.de/wissenschaft/natur/pandemien-und-ihre-ursachen-so-zuechtet-der-mensch-ungewollt-neue-seuchen-a-00000000-0002-0001-0000-000170323296.

Pandemie kein Zufall gewesen sei. Artensterben, Naturzerstörung und Klimawandel würden seit langem das Risiko erhöhen, dass Krankheiten von Tieren auf Menschen überspringen. Besonders geeignete Wirte dafür sind Fledermäuse und Flughunde, bei denen man schon gut 3200 verschiedene Corona-Viren identifiziert hat. Wir wissen zwar nicht, wie lange es gedauert hat, bis SARS-CoV-2 der Sprung auf den Menschen gelungen ist, es seien dies jedoch klassische Mechanismen der Evolution, durch die solche Epidemien entstehen können, wobei der Mensch dabei die Hauptrolle spielen würde. Immer wieder springen Krankheitserreger von Tieren auf Menschen über. Diese sogenannten Zoonosen nehmen weltweit zu. Warum? Bevölkerungswachstum und Naturzerstörung, Artensterben und Klimawandel fördern die Entstehung und Ausbreitung solcher Pandemien, weil die damit verbundene Erschütterung der Lebensräume das Überschreiten der Artgrenzen bedingt und fördert.

Wie aber kann man das verstehen? Dazu muss man sich einiges über die besondere Natur der Viren klarmachen.

Ein Virus ist kein eigenständiges Lebewesen. Es besteht nur aus einem kürzeren oder längeren Stück Erbgut entweder vom Typ DNS (DNA-Viren) oder RNS (RNA-Viren). Dieses ist von einer unterschiedlich geformten Proteinkapsel oder Hülle umgeben, oft geometrisch geformt. So verdankt das Corona-Virus seinen Namen der schönen kugeligen Form, die es hat. Was viele Menschen nur aus der Wissenschaft und ihrer Anwendung in Medizin und Landwirtschaft als Genetic-Engineering, Gentechnik oder Genmanipulation kennen, basiert auf dem Studium der natürlichen Lebensart der Viren. Denn für sie ist es normal, sich als ein Stück Erbgut in fremde Zellen einzubringen und entweder friedlich mit dieser zusammen zu existieren und deren Erbgut dabei etwas zu modifizieren oder aber den gastlichen Wirt zu zerstören und sich neue Zellen zu suchen, wie das bei virusbedingten Erkrankungen der Fall ist, bis das Immunsystem dem Treiben Einhalt gebietet.

Dass man durch Einschleusen bestimmter Erbgutsequenzen Organismen verändern kann, ist sozusagen von jeher „Tagesgeschäft" der Viren und keine Erfindung des Menschen. Denn ohne in eine funktionstüchtige Zelle von Bakterien, Pflanzen, Tieren oder Menschen einzudringen, können Viren nicht selbstständig existieren. An Sonnenlicht und Wärme sind sie rasch vernichtet, im Feuchten oder auch im Eis bleiben sie jedoch lange aktionsfähig erhalten. Was man in der klassischen Genetik noch als genetischen Zufall oder Spontanmutation bezeichnet hat – plötzlich auftretende Änderungen im Erbgut – ist, das wissen wir heute, im wesentlichen ihre Arbeit, d. h. den Viren verdankt. Auch wenn die Forschung auf diesem Gebiet erst Jahrzehnte alt ist, einschließlich der neuen Aspekte, die durch die Epigenetik und das moderne Genverständnis bezüglich eines offenen, in Entwicklung begriffenen Systems eingebracht worden sind, so ist heute schon genügend bekannt, um diesen „genetischen Assistenten" in der Evolution der Welt des Lebendigen höchsten Respekt zu zollen. Sie sind sozusagen ein „mobiles Erbgut" und dienen überwiegend dem Wohle ihres Wirtsorganismus und nicht zu seinem Schaden.

Bei Irritationen des Systems aber können sie pathogene, das heißt krankheitserzeugende Eigenschaften entwickeln. Ob also Viren, aber auch Bakterien, im Menschen eine positive Rolle spielen oder aber Krankheit erzeugen, hängt vom Zustand des Organismus und seiner Umwelt ab. Sie können aber auch, je nach Klima und Ort, unterschiedliche Krankheiten hervorrufen. Ein bekanntes Beispiel dafür ist das Pfeiffersche Drüsenfieber (Mononukleose). Es wird durch das Epstein-Barr-Virus ausgelöst. Dasselbe Virus aber kann zum Beispiel in Afrika das Burkitt-Lymphom hervorrufen, eine bösartige Lymphdrüsen-Erkrankung. In China hingegen ist es für eine bestimmte Form von Rachenkrebs verantwortlich. Viren richten sich also in ihrer Arbeitsweise nach der Situation des Milieus, des Wirtsorganismus, in den sie eindringen. *Thomas Hardtmuth* hat zu diesem Thema einen sehr lesenswerten Aufsatz geschrieben, in dem er diese kontextabhängige Natur der Viren als hochplastische genetische Informationsträger bzw. Informationsvermittler anhand vieler Beispiele herausarbeitet.[7]

Von diesem Aspekt ausgehend, kann man auch gut verstehen, warum es so schwer ist, Impfstoffe gegen bestimmte Viren herzustellen, weil sich diese schneller verändern als ein Impfstoff hergestellt werden kann und die Wirkungsweise der Viren in den menschlichen Konstitutionen unterschiedlich ist. Auch wissen wir alle nur zu gut, dass trotz Einführung der Grippe-Impfung gegen einen bestimmten Grippe-Virenstamm die Grippe als solche nicht zu besiegen ist, weil es noch genügend andere modifizierte Viren gibt, die das Krankheitsbild hervorrufen können. Thomas Hardtmuth fasst die Ergebnisse seiner bisherigen Recherche so zusammen:

„Aus systemwissenschaftlicher Perspektive stellen die Viren in ihrer Gesamtheit (Virosphäre) das vermittelnde Medium einer globalen, genetischen Kommunikation unter den Organismen dar. Die Genome einzelner Lebewesen sind daher weniger das Ergebnis zufälliger Mutationen, sondern können als umkreis- und kontextabhängige, evolutive Neuarrangements aus diesem grundsätzlich dialogisch organisierten System der Virosphäre verstanden werden. (…) Die hohe genetische Plastizität, Adaptivität und Mutabilität der Viren wurde über unzählige Entwicklungsschritte in den hochkomplexen, intrazellulären RNA-Elementen der genetischen ‚Textbearbeitung' aller Lebewesen internalisiert und konserviert, die als epigenetisches Regulativ zwischen Umwelt und Organismus vermitteln und

---

[7] Thomas Hardtmuth, *Die Rolle der Viren in Evolution und Medizin – Versuch einer systemischen Perspektive. In: Jahrbuch für Goetheanismus*, Band 36, Stuttgart 2019, S. 3-61.

damit die Voraussetzung für Weiterentwicklung und Artenvielfalt sind. Viren haben eine Doppelnatur, indem sie genetische Impulsgeber und Krankheitserreger gleichzeitig sind. Ihre Pathogenität erweist sich vor diesem Hintergrund lediglich als Sonderfall im Sinne einer Stress- und Störanfälligkeit jeder innovativen, lebendigen Entwicklung."[8]

Damit aber beantwortet sich die Frage, warum die Menschen durch ihre modernen Lebensformen und Wirtschaftsweisen für so etwas wie die Coronaepidemie/Pandemie entschieden mitverantwortlich sind. Thomas Hardtmuth verweist in diesem Zusammenhang auf *Günther Witzanys* Konzept der Biokommunikation:

„Wie sich in den letzten Jahren herausstellte, sind die infektiösen, hochgefährlichen Auswirkungen viraler Infektionen eine Art Sonderfall und kennzeichnen jene Viren, die keinen dauerhaft sesshaften Lebensstil in Wirtsorganismen entwickeln können. In den meisten Fällen leben Viren in einem Wirtsorganismus und helfen ihm dabei, konkurrierende Parasiten abzuwehren (wodurch er ein höheres Immunitätsniveau erreicht, Anm. Th. H.). Sie werden damit oft zu einem Teil der Evolutionsgeschichte des Wirtsorganismus bzw. der ganzen Wirtsart. Sesshafte Viren sind entscheidend für Artenvielfalt und Wirts-Genom-Bearbeitung. Praktisch alle Kompetenzen der natürlichen Genombearbeitung, wie sie in der Konservierung von Gen-Ablesung, Transkription, Translation und Rekombination repräsentiert sind (mit all ihren Schritten und Zwischenschritten), stammen von viralen Fähigkeiten ab. (…) Seit (…) klar geworden ist, dass Viren fähig sind, genetisches Material in die Wirtsgenome zu integrieren, wurde deutlich, dass Viren neben infektiösen Lebensstrategien auch symbiotische und symbiogenetische Lebensstile haben. Sie übertragen phänotypische Eigenschaften auf den Wirt, die ein nicht infizierter Wirt der gleichen Wirtsart nicht hat. Als endosymbiotische Viren, die von der Wirtsvervielfältigung abhängen, sind sie Teil der Wirtsgeschichte, indem sie vererbbar werden und damit Teil der genomischen Identität des Wirts."[9]

---

[8] Ebd, S. 3.

[9] Günther Witzany, *Biokommunikation und natürliche Bearbeitung genetischer Texte – die Anwendung der sprachpragmatischen Philosophie der*

So wie heute das Mikrobiom des Darms zunehmend in seiner Bedeutung für Gesundheit und Krankheit des menschlichen Organismus erforscht wird, so wird die Virusforschung immer deutlicher zutage fördern, auf welcher Grundlage das menschliche Epigenom „in jedem Moment unseres Lebens" nachhaltig beeinflusst wird: „durch Ernährung, Lebensstil, Gewohnheiten, Krankheiten, durch unsere psychische Verfassung – ja sogar durch unsere gebildeten Vorstellungen, die ebenso ihr genomisches Korrelat haben."[10] Als Beispiel nennt Hardtmuth u.a. die Tatsache, dass Menschen heute stärkehaltige Nahrung deshalb gut verdauen können, weil sie diese Fähigkeit durch die Integration einer Nukleotid-Sequenz aus einem Virus genetisch erworben haben, wodurch die Expression des dazu nötigen Amylase-Gens in den Speicheldrüsen kodiert wird. Man macht sich normalerweise nicht klar, wieviel man diesem „wandernden Erbgut" auf dessen weisheitsvollen Wegen verdankt und dass ein Hauptteil des menschlichen Erbmaterials auf Integration von Viren während der Evolution zurückzuführen ist.

Warum reagieren die Menschen so unterschiedlich auf ein Virus?

Es ist nicht nur „das Virus", das die Krankheit hervorruft, sondern das Zusammenwirken der jeweils individuellen Konstitution mit diesem Eindringling. So bekommt eine Mutter die Grippe in der Regel nicht, wenn die ganze Familie darunter leidet – allenfalls dann, wenn das Familien-System wieder im Lot ist und sie jetzt mal ausschlafen muss. Auch der junge Assistenzarzt oder die

---

Biologie. Norderstedt 2010, S. 121. Zitiert nach *Thomas Hardtmuth*, a.a.O., S. 15 f.
[10] Thomas Hardtmuth, a.a.O., S. 27.

neu auf der Infektionsstation zum Einsatz kommende Krankenschwester haben oft erst einmal eine „Einstandsinfektion". Die Angst vor möglicher Ansteckung macht auch bei den Profis in der Medizin nicht Halt. Außerdem ist jeder Neubeginn mit Ungewohntem verbunden, was verunsichert, Stress erzeugt und damit die eigene Gesundheitsbalance aus dem Lot bringen kann, so dass man sich bei einem Patienten leichter ansteckt. Warum spricht man von Erkältung? Weil auch durch Unterkühlung oder zu viel Zugluft das labile gesundheitliche Gleichgewicht gestört werden kann. Ebenso wie durch zu wenig Schlaf, unregelmäßiges oder ungesundes Essen etc. In Ballungszentren kommt dann noch die Luftverschmutzung hinzu, die für die Atemwege ohnehin eine große Herausforderung darstellt und so lange bleiben wird, wie wir unsere Mobilität und industriellen Herstellungsprozesse nicht humanökologisch orientieren. Jeder Organismus muss sich täglich mit Schädigungen aller Art auseinandersetzen.

Kompensiert wird das durch sein anpassungsfähiges Immunsystem als wesentlichem Faktor der körpereigenen Selbstheilungskräfte. Hinzu kommen die oben erwähnten sozialen Unterschiede. So gesehen sind auch Gesundheit und Krankheit keine Gegensätze – vielmehr sind dies *Krankheit* und *Heilung*. Gesundheit aber ist ein labiler Gleichgewichtszustand zwischen den allgegenwärtigen Kränkungsfaktoren und den heilenden und regenerierenden Kompensationsmöglichkeiten, die der Körper besitzt. Daher ist die Frage so entscheidend wichtig: Was stärkt die Heilungs- und Kompensationsmöglichkeiten des Körpers und was schwächt sie? Dies sind die Grundfragen der gegenwärtigen Gesundheits-, Resilienz- und Salutogenese-Forschung.[11]

---

[11] Vgl. Michaela Glöckler, *Was ist Anthroposophische Medizin? Wissenschaftliche Grundlagen, therapeutische Möglichkeiten, Entwicklungsperspektiven*, Dornach 2017.

Daher ist bezüglich Corona klar: Das Virus ist zwar der Anlass für diese Form der Krankheitserscheinungen, nicht jedoch deren Ursache! Man kann ziemlich sicher sein: Wer eine Krankheitsdisposition entwickelt hat – aus welchem Grunde auch immer – wird ganz unabhängig von Corona früher oder später auf ein Virus treffen, das einen grippalen Infekt auslöst. Nicht wenige, die in dieser Zeit mit Grippe zu kämpfen hatten und sich auf SARS-CoV-2 haben testen lassen, waren fast etwas enttäuscht, wenn der Test negativ ausfiel und andere Viren nachgewiesen werden konnten.

Wäre das Virus tatsächlich die Ursache der Krankheit, so hätten sich bei den bisherigen Grippe-Epidemien so gut wie alle Menschen anstecken müssen, weil es ja bisher keine Kontaktbeschränkungen gab. Auch das Beispiel der Corona-Epidemie zeigt: Die meisten Menschen erkranken nicht oder nur leicht mit Schnupfen und etwas Husten. Dass man aber dennoch durch „social distancing" erstmals in der Geschichte der Menschheit im wahrsten Sinne des Wortes mit aller Macht eine Verlangsamung der Ansteckungsrate erreichen möchte, ist bei dieser Virusinvasion durch SARS-CoV-2 der Sorge geschuldet, dass die vorhandenen Versorgungskapazitäten des Gesundheitswesens für die schwer Erkrankten nicht ausreichen könnten, weil man ja nicht weiß, wie viele von den Angesteckten schwer erkranken werden.

Warum aber ist die Disposition sich anzustecken, so individuell verschieden?

Weil, wer ein stabiles Immunsystem und gute Selbstheilungsressourcen hat, widerstandsfähig ist und sich schützen kann. Der Körper mobilisiert in aller Stille seine immunologische Krankheitsabwehr, sodass man die virale Invasion gar nicht oder nur wenig bemerkt. Wer jedoch erkrankt, kann sich fragen, weshalb bei ihm gerade hier und jetzt seine körpereigene Schutzfunktion versagt hat, so dass in unserem Fall die Infektion mit SARS-CoV-2 mit mehr oder weniger schweren Krankheitserscheinungen auftreten konnte. Je nachdem was man als die schwächende Ursache für das Immunsystem ansieht, kann man sich dann auch gezielter helfen. Neben den genannten möglichen Ursachen der Unterkühlung und bestimmter Lebensstilelemente wie Schlaf, Ernährung, Bewegungsmangel oder mangelnde Stresstoleranz können auch seelische und geistige Faktoren eine Rolle spielen.

Wer z. B. an den von Herpes-Viren ausgelösten Herpesbläschen leidet, weiß nur zu gut, in welchem Zusammenhang sie auftreten und dann auch wieder verschwinden. Das Virus bleibt im Körper, aber es wird nur virulent, wenn die entsprechenden Bedingungen dafür da sind. Das macht man sich auch diagnostisch zunutze, indem man die Aktivität von Herpesviren im Speichel misst und in der Stressforschung als Indikator für chronische seelische Dauerbelastungen benutzt. Aus der psychoneuroimmunologischen Forschung ist ebenfalls hinreichend bekannt, in welch hohem Maß Motivation und positive Gefühle das Immunsystem stärken. Hinzu kommt, dass Salutogenese- und Resilienzforschung auch belegen, wie viel Einfluss auf die gesundheitliche Verfassung eine spirituelle Orientierung, religiöser Glaube oder eine optimistische Weltanschauung haben, die einen befähigen, konstruktiv zu verarbeiten, was einem das Leben abverlangt.

Bewegende Beispiele dafür sind Bücher wie die von *Victor Frankl*, „Trotzdem Ja zum Leben sagen", *Jacques Lusseyran*, „Das wiedergefundene Licht" oder *Hans Jonas*, „Der Gottesbegriff nach Auschwitz" oder das Buch von *Tim Guénard*, „Plus fort que la Haine/Stärker als der Hass", des aus Frankreich stammenden schwer traumatisierten Kindes, das später seinen Weg zu einem mit Dankbarkeit und Freude erfüllten Leben beschreiben konnte. Was diese Menschen am Leben hielt – allem Unmenschlichen, was sie selber erleiden oder miterleben mussten, zum Trotz –, war die erwachende, sich stärkende Gewissheit ihrer unverlierbaren geistigen Existenz und Bestimmung.

Zieht man all das in Betracht, zeigt sich, wie stark unsere *Identität* mit unserer *Immunität* korreliert. Mit was wir uns verbinden und womit wir uns identifizieren, das ist es, was uns stärkt oder schwächt. Auch die ungezählten Flüchtlingsschicksale unserer Tage zeugen von der hohen (Durchhalte-)Kraft, die im Vertrauen auf Gott, auf sich selbst und auf das Schicksal begründet ist und es ermöglicht, auch größte Strapazen überstehen zu können. Der Überlebenswille und die Hoffnung auf ein besseres Leben wirken dann so beherrschend, dass das Immunsystem allem trotzt, was immer auch an Schädigungen wie Übermüdung, Hitze, Kälte, Nahrungs- und Wassermangel, Angst und Gewalt zu erdulden ist. Auch die Spanische Grippe, die gegen Ende des Ersten Weltkriegs wütete, war sicher nicht nur dem Virus geschuldet, sondern einer von der Weltkriegskatastrophe gezeichneten Menschheit, die durch Zerstörung vertrauter Lebensräume, Angst, Gewalt, Hunger, Flucht und viele schmerzliche Verluste erschüttert und traumatisiert war.

Warum hat der Mensch andere Probleme und Möglichkeiten im Umgang mit Krankheit als Tiere und Pflanzen?

Krankheiten kommen in der außermenschlichen Natur nur als „Regler" im ökologischen Gleichgewicht vor. So kennen auch wildlebende Tiere das Problem nicht. Denn wenn ein Tier erkrankt oder verunfallt, so wird es rasch gefressen oder stirbt, weil es sich nicht mehr ernähren kann. Oder aber Pflanzen und Tierarten sterben aus, weil ihre Lebensräume vom Menschen so verändert wurden, dass sie sich nicht mehr anpassen können und ihre Existenzfähigkeit gefährdet ist oder erlischt. Dass dies bei

Haustieren anders ist, liegt an ihrer symbiotischen Lebensform mit den Menschen und der damit verbundenen Tiermedizin. Denn Leben mit Krankheit ist etwas spezifisch Menschliches.

In Kindheit und Jugend sind akute Infekte vorherrschend, zwischen 20 und 40 sind es überwiegend psychosomatische Beschwerden, die für die Zeit von Ausbildung, Berufsweg und Familiengründung typisch sind, und danach beginnen früher oder später chronische Krankheiten, die einen dann bis ans Lebensende begleiten. Diese „normalen Krankheiten" sind Begleiter jeder Biographie – im Einzelfall stärker oder schwächer ausgeprägt oder nur tendenziell vorhanden. Denn auch wenn jemand sagt: Ich war immer gesund, so übergeht er oder sie den gelegentlichen Schnupfen oder einen Durchfall im Urlaub. Daher schreiben Ärzte bei der Anamnese dann: nie *ernstlich* krank gewesen.

Warum aber ist das bei uns Menschen so? Warum haben wir nicht von Natur aus die Möglichkeit, uns problemlos überall anzupassen? Warum reagieren wir im Laufe unserer Entwicklung auf körperliche, seelische und geistige Irritationen mit Krankheit? Die drei genannten Krankheitsformen können uns dies lehren, denn sie haben durchweg unverzichtbare positive Nebeneffekte: Durch die akuten Infekte im Wachstumsalter wird die Entwicklung eines stabilen Immunsystems gefördert, was dann im guten Fall verhindert, dass wir im Laufe unseres Lebens ernstlich erkranken. Die psychosomatischen Probleme hingegen bewirken, dass wir nach Mitteln und Wegen suchen, stresstolerant zu werden, Frustrationen besser verarbeiten zu können, selbstbewusster zu werden und zu uns zu stehen, so wie wir sind. Viele beginnen mit Selbstcoaching und Selbstmanagement oder greifen nach spirituellen Schulungsbüchern wie Rudolf Steiners „Wie erlangt man Erkenntnisse höherer Welten?", machen Yoga oder einen Zen-Kurs. Das Ergebnis ist: Unser

„seelisches Immunsystem" stabilisiert sich. Wir lernen, mit uns selber und unserer Mitwelt besser zu Recht zu kommen.

Und so unangenehm das manchem erscheinen mag: gerade diese Unpässlichkeiten und Krankheitssymptome helfen dabei – sie zeigen uns den Weg und machen wach für die notwendigen Lernziele. Vögel, Hunde und Katzen können nicht perfekter werden als sie sind. Welchen Sinn sollte es daher haben, dass sie sich mit Krankheitssymptomen herumplagen müssen? Nur wir Menschen können lebenslang lernen und menschlicher werden. Ein Vogel hingegen würde durch die Auseinandersetzung mit Krankheitssymptomen dadurch nicht „vogeliger".

Und welche positiven Nebeneffekte haben chronische Krankheiten im letzten Lebensdrittel? Sie sind oft Anlass, Entwicklungs- und Sinnfragen zu stellen, die auch die Frage nach dem Tod und einer möglichen Postexistenz in körperloser Form beinhalten. Solch existentiellen Reflexionen können auch Anlässe für geistige Neuorientierungen sein. Wenn wir die Begrenztheit und Zerbrechlichkeit unserer körperlichen Existenz selber erleben, werden neue Gefühle und Gedanken wach, die uns auf unsere unvergängliche, rein geistige Existenz hinweisen. Diese lebt nicht im Körper, wohl aber in den Kräften unserer Gedanken, Gefühle und Intentionen – in der Identität, die wir immer bewusster entwickeln. Auf diesem Wege entsteht dann etwas, was man „geistige Immunität" nennen kann.

Außer diesen drei Formen von Krankheit, die jeden Lebenslauf mehr oder weniger intensiv begleiten, gibt es dann noch die schwer verständliche Gruppe schicksalhaft auftretender unerwarteter Krankheiten: z.B. eine Leukämie im Kindesalter, ein angeborener Herzfehler, ein Unfall, der einen körperbehindert zurück lässt, eine Lebensmittelvergiftung. Hier ist „Sinnfindung" nur möglich, wenn man von den „normalen Krankheiten", die das Leben begleiten, gelernt hat, dass Krankheiten nicht schädigen, sondern helfen wollen. Dass sie keine „Strafe Gottes" sind, sondern Unterstützer der individuellen Entwicklung jedes Einzelnen. Wer mit der Frage umgeht: warum ist gerade mir das geschehen? Was hat sich dadurch in meinem Leben geändert? Was konnte ich nur dadurch lernen? Der findet – so er ernstlich will – den Sinn, die persönliche Botschaft für den weiteren Weg. Und wenn der Tod durch Krankheit eintritt? Warum so viel lernen, wenn man doch plötzlich stirbt und dann vielleicht „alles aus" ist?[12]

Gedanken wie diese führen fast wie von selbst dazu, sich klar zu machen, dass menschliche Entwicklung in einem Leben nicht zur „Vollkommenheit" führen kann. Dass der Tod zwar ein Erdenleben beendet, dass damit die Entwicklung aber nicht beendet sein kann.

Wie soll denn z.B. die Prophetie aus dem Johannesevangelium wahr werden, wo gesagt wird: „Ihr werdet die Wahrheit erkennen und die Wahrheit wird euch frei machen" (Joh 8, 32), wenn der Mensch nur einmal leben würde? Und das noch dazu entweder als Mann oder Frau oder etwas Selbstbestimmtem dazwischen? Sobald man ernsthaft über die Entwicklungsfähigkeit des Menschen nachdenkt, kommt einem der Gedanke der Reinkarnation ganz natürlich vor. Dann ist der Gedanke erlösend, dass man die Errungenschaften eines Erdenlebens in ein Leben zwischen Tod und neuer Geburt mitnehmen kann und dort in einer geistigen Daseinsform ein nächstes Leben vorbereitet, in dem neue Aufgaben für die Weiterentwicklung anstehen. In diese andere, nicht körperliche

---

[12] Michaela Glöckler, *Raphael und die Mysterien von Krankheit und Heilung*, Zu beziehen über https://www.buch-engel.com/Gloeckler-Michaela-Hrsg-Raphael , oder die Medizinische Sektion am Goetheanum.

Daseinsform können wir aber nur mitnehmen, was wir als denkende, fühlende und wollende Menschen bisher geworden sind.[13] Infolge einer solchen Überlegung wächst aber auch das Gefühl für die Mitverantwortung für den Planeten Erde, damit dieser uns die Chance zur Weiterentwicklung noch lange bieten kann.

Welches ist die „richtige Vorgehensweise", um der Pandemie zu begegnen?

Es stehen sich in der Bewältigung der Corona-Pandemie zwei strategisch verschiedene Vorgehensweisen gegenüber, beide durch führende Epidemiologen empfohlen: die sogenannte Herdenimmunität aufzubauen durch mehr oder weniger kontrollierte Durchimmunisierung der Bevölkerung, deren Leben weitgehend normal weiter geht, bei gleichzeitigen Schutzempfehlungen für die Risikogruppen. Vielen Menschen ist der Begriff der Herdenimmunität aus der Masern-Impfstrategie der WHO bekannt. Wenn fast alle Menschen immunisiert sind, können Neuansteckungen nur noch im Ausnahmefall vorkommen. Wenn man aber eine Herdenimmunität ohne Impfung aufbauen will, weil man sie wie im Corona-Fall noch nicht hat, kann man das nur wagen, wenn das Gesundheitswesen flexibel ist und bestens personell und apparativ ausgestattet, um die Folgen dieses Vorgehens auffangen zu können. Denn man weiß bei einem solchen Vorgehen nicht, wie Viele u.U. schwer erkranken werden. Großbritannien hat diesen Weg zunächst versucht, scheiterte aber bald in Folge der Schwächen seines unterfinanzierten Gesundheitswesens. So riskiert derzeit nur Schweden konsequent diese

---

[13] Siehe dazu Rudolf Steiners Vorträge *Inneres Wesen des Menschen und Leben zwischen Tod und neuer Geburt*, GA 153, Dornach 1997.

Vorgehensweise. In einem Interview der Zeitschrift *Cicero* vom 26. März 2020 betonte *Anders Tegnell*, Arzt, Epidemiologe und maßgeblicher Berater der schwedischen Regierung:

„Alle Länder haben dasselbe Ziel: Wir versuchen, die Verbreitung des Virus zu reduzieren. (…) Wir sind uns aber auch darin einig, dass es sehr schwer abzusehen ist, was passiert, wenn man Schulen schließt. Viele Dinge passieren, wenn man das macht: Die Kinder sind davon betroffen, die Gesellschaft, besonders die Eltern. Darin unterscheidet sich Schweden von vielen Ländern: Hier arbeiten fast immer beide Elternteile. Und viele von ihnen arbeiten im Gesundheitssystem. Und wenn wir mit ihnen sprechen, sagen sie: Schließt die Schulen nicht. Das bedeutet, dass der Effekt dieser Maßnahme auf die öffentliche Gesundheit viel schlimmer sein wird als die Ausbreitung des Virus' in einer Schule. (…) Wir leben jetzt in einer seltsamen Welt. Normalerweise müssen wir im Gesundheitswesen darum kämpfen, damit Dinge getan werden, zum Beispiel Impfkampagnen. Jetzt müssen wir darum kämpfen, dass Dinge *nicht* getan werden. Wenn Sie Wissenschaftler in ganz Europa fragen, ob es zu einem Zeitpunkt, zu dem es in jedem Land eine bedeutende Zahl an Corona-Fällen gibt, Sinn macht, die Grenzen zu schließen, wird die Antwort sein: Nein. Es waren die Reisenden, die das Virus am Anfang ins Land gebracht haben, aber jetzt sind sie es nicht mehr. (…) Wir haben hier seit Jahrhunderten sehr starke Behörden. Ein Großteil des technischen Wissens liegt in diesen Behörden. Unsere Ministerien dagegen sind klein, sie unterstützen die Politiker bei den Entscheidungen, die diese treffen. Aber Politiker treffen in Schweden keine Entscheidungen in Detailfragen, sie geben nur die generelle Marschrichtung vor. Und die Behörden erarbeiten dann einen Plan, wie man vorgeht. Politiker treffen die Entscheidungen, aber diese basieren auf dem Wissen und der Erfahrung, die wir ihnen liefern. (…). Es gab eine Reihe von Umfragen, zu unserer Behörde und zu mir persönlich. Das Ergebnis ist: Wir haben unglaublich große Unterstützung."[14]

---

[14] https://www.cicero.de/aussenpolitik/corona-pandemie-schweden -skifahren-staatsepidemiologe-anders-tegnell/plus.

In Schweden ist also das öffentliche Leben nur wenig eingeschränkt, und die Zahl der Ansteckungen ist derzeit rückläufig, viele Intensivbetten sind leer. Tegnell vermutet, dass sich 50% der Bevölkerung inzwischen angesteckt haben. Das kann aber nur eine spätere Testung belegen. Aktuelle Zahlen aus der Pressekonferenz mit Tegnell vom 16. April besagen, dass Schweden mit dem schnelleren Ansteckungsmodus ohne Lockdown pro 1 Million Bürger*innen 132 Corona-Tote zu beklagen hat. Im Vergleich dazu haben Länder mit Lockdown, wo die Ansteckung langsamer verläuft, noch deutlich weniger: Finnland 14, Norwegen 28, Dänemark 55 und im Vergleich dazu Deutschland 46 Tote pro 1 Million Einwohner*innen.

Die Verantwortlichen in der deutschen Gesellschaft für Infektologe (DGI) hingegen halten dieses Vorgehen für einen gefährlichen Irrweg. Eine „kontrollierte Durchseuchung" kommt für sie nicht in Frage. Sie berufen sich dabei auf vorliegende Zahlen und Hochrechnungen, die man daraus ableiten kann. Vorstandsmitglied Prof. Dr. *Gerd Fätkenheuer* setzt auf

„eine Strategie der Überwachung und Kontrolle der Infektion. Dringend notwendig sind hierfür ein Ausbau der Testkapazitäten sowie die Isolation positiv getesteter Personen. Dazu müssen alle Maßnahmen ergriffen werden, die bei der Kontrolle der Epidemie helfen können. Hierzu gehören sowohl das Smartphone-Tracking per COVID-19-App wie auch das Tragen von Gesichtsmasken, wenn die Möglichkeit eines direkten Personenkontaktes besteht."[15]

Diese Strategie, zu der auch der Lockdown gehört, der das gesellschaftliche Leben lahm legt, bestimmt jetzt – weil dies die derzeit herrschende wissenschaftliche Meinung ist, die Realität für die meisten Länder. Sie gilt

---

[15] https://www.dgi-net.de/senioren-vor-covid-19-schuetzen-junge-infizieren-ein-gefaehrlicher-irrweg/.

auch für Deutschland, obgleich sein Gesundheitswesen im europäischen Vergleich gut dasteht und obwohl führende Epidemiologen gerade auch in Deutschland sich deshalb für die „kontrollierte Durchseuchung" ohne Lockdown ausgesprochen haben. Die Frage nach der „richtigen Vorgehensweise" kann nur durch den Willen, sie zu finden, beantwortet werden – und das echte Interesse am Wohle aller. Da reichen Statistiken und Hochrechnungen nicht. Sie bieten zwar rechnerische Sicherheit, können aber auch krass an der Lebenswirklichkeit vorbeigehen. Wer dem Leben gerecht werden will braucht neben Zahlen auch Mut und Realitätssinn.[16]

Zwischen Panik-Szenarien und Verharmlosung: Wo stehen wir?

Wo stehen wir? Offenbar mitten drin! Beide Seiten, „panic and neglect", wie es in der WHO heißt, haben gute Argumente, und man kann von beiden Seiten lernen, genauer hinzuschauen, worum es geht. Was aber können wir von denen lernen, die die Corona-Pandemie in die normale Grippesaison integriert sehen wollen? Die aufzeigen, dass es bisher nicht mehr Todesfälle gegeben hat als in anderen Grippewintern auch? Der Infektiologe und Direktor des Universitätsklinikums Hamburg-Eppendorf, Dr. *Ansgar Lohse*, forderte ein rasches Ende der Ausgangssperren und Kontaktverbote. Es müssten sich *mehr* Menschen mit Corona infizieren. Kitas und Schulen sollten möglichst bald wieder geöffnet werden,

---

[16] So hat sich beispielsweise gezeigt, dass die in Deutschland am 23. März in Folge der Berechnungen des RKI angeordnete *Kontaktsperre* keinerlei Auswirkungen mehr auf den R-Faktor, die Übertragungsrate, von der die Ausbreitung der Pandemie abhängig ist, mehr hatte. Er blieb seit dem 22. März nämlich bei etwa 1 stehen. Vgl. dazu den Bericht des RKI vom 14. 4. 2020, online unter www.rki.de und den Bericht auf *heise online*, vom 14.4. 2020 unter www.heise.de .

damit Kinder und ihre Eltern durch eine Ansteckung mit dem Corona-Virus immun werden können. Die Fortdauer der strikten Maßnahmen würde zu einer Wirtschaftskrise führen, die ebenfalls Menschenleben kostet, so der Mediziner.[17]

Auch Ärzte wie der Internist *Claus Köhnlein* plädierten für Ansteckungsprophylaxe in der Eigenverantwortung der Bürger*innen, Unterstützung des Gesundheitswesens, empfehlen keine Tests und Massenimpfungen. Die Frage muss erlaubt sein, was gewesen wäre, wenn man bereits im Januar, als die ersten Hochrechnungen da waren, sich voll auf die Unterstützung des Gesundheitswesens konzentriert und dafür Gelder und Beratung mobilisiert hätte? Wenn das soziale Leben ungestört weiter gegangen wäre ohne jede Panikmache, und man vielmehr darauf gesetzt hätte, rasch einen guten Herden-Immunitätsschutz aufzubauen, wie dies zum Erstaunen der Weltöffentlichkeit der oben genannte schwedische Chef-Epidemiologe *Anders Tegnell* bis jetzt riskiert hat und durchsetzen konnte?[18] Denn je mehr Menschen sich immunisiert haben, umso langsamer ist die weitere Ausbreitung der Epidemie. Zudem hätte man dann aus freiwilligen Blutspenden von bereits Immunisierten die Möglichkeit, die für schwerstkranke unter Umständen lebensrettende Therapie mit Hyperimmunglobulinen bereit zu halten.

Statt Panikmache Vertrauen in ein gutes Gesundheitswesen, das mit Krisen rechnet und Aufklärung betreibt, was man außer Händewaschen, Mundschutz, „social distancing" noch tun kann, um das Immunsystem zu stärken – wäre das nicht auch eine sinnvolle Strategie? Ein Alp-

---

[17] www.mopo.de/hamburg/uke-infektiologe-fordert-es-muessen-sich-mehr-menschen-mit-corona-infizieren-36483636.

[18] Vgl. Schweden, *Stoisch gegen den Rest der Welt*, NZZ am Sonntag, 12. April 2020.

traum wäre es doch, wenn neue Grippewellen oder Pandemien dafür instrumentalisiert werden könnten, die Menschen zu Massen-Testungen und Impfungen „aus sozialen Gründen" zu zwingen und überwachungsstaatliche Maßnahmen im Namen der Gesundheit, aber eben auch zum Wohl von Pharma-Wirtschaft und Politik zu erproben? Ganz zu schweigen von der Gefahr, dass Menschen über 65 ihre Bewegungsfreiheit per Dekret verlieren, „um per Autorität geschützt zu werden", oder Bewohner in Altenheimen nicht mehr von ihren Angehörigen besucht werden dürfen.

Vielmehr braucht es gute Hygienemaßnahmen vor Ort in Form von genügend Schutzkleidung etc., anstatt sozialer Isolierung. Andere Nachrichten bringen neben der Luftverschmutzung, die man als Hauptverursacher der Lungenkomplikationen ansehen muss, auch die kontinuierliche Zunahme des Elektrosmogs ins Gespräch – insbesondere die hochfrequenten Mikrowellen, wie sie die 5G-Installierungen weltweit mit sich bringen (werden).[19] Diese Cofaktoren zum Hauptschuldigen zu erklären, ist sicher nicht haltbar. Sie aber in die Überlegungen mit einzubeziehen, die wichtig sind, wenn es um nachhaltige Volksgesundheit geht, ist relevant.[20] Denn dies alles sind menschengemachte Faktoren, für die es andere Lösungen gibt, entschieden gesündere, wenn man nur will und etwas mehr Zeit für deren Entwicklungen veranschlagt.

Denn die Entscheidung, welches System der Datenübertragung gewählt wird, entzieht sich ja der demokratischen Kontrolle, weswegen Systeme, die langfristig weniger unerwünschte Nebenwirkungen für die Gesundheit haben, aber erst in Entwicklung sind, nicht in die Entscheidungsfindung eingebracht werden können. Wer aber

---

[19] Vgl. www.diagnose-funk.org.
[20] Vgl. dazu auch den Beitrag von Andreas Neider.

bestimmt dann, dass alles so schnell wie möglich gemacht werden muss, unter bewusstem In-Kauf-nehmen von möglichen gesundheitlichen Schädigungen?

Eines ist jedoch bei all diesen Überlegungen evident: Hinter jeder möglichen Strategie zur Krisenbewältigung stecken bestimmte Denkweisen – auch über Gesundheit und Krankheit, die sich nicht ausschließen, jedoch sinnvoll ergänzen sollten.

Wie aber steht es mit den Verschwörungstheorien, die auch kursieren? Dunkle und helle Mächte sind immer um und zwischen uns virulent: Jeder gute Gedanke ist eine helle Wirksamkeit, jede unredliche Absicht eine dunkle. Es sind letztlich nicht „böse Menschen", die uns regieren, sondern verführerische und böse Gedanken. Es sind ja letztlich auch „nur" unsere Gedanken, durch die wir uns auch die unsichtbaren Mächte bewusst machen können, von denen religiösen Urkunden sprechen – seien es Götter oder Teufel, Engel oder Dämonen. Wir können und müssen beurteilen lernen, wes Geistes Kind bestimmte Absichten, Motivationen und Taten sind.

Daher scheut sich Rudolf Steiner auch nicht, neben bekannten guten höheren Wesen wie dem Erzengel Michael und Christus auch von *Luzifer* zu sprechen, der in der Bibel *Diabolos* heißt und von *Ahriman*, der dort Satan genannt wird. Goethe lässt Mephisto im „Faust" sagen: *den Teufel spürt das Völkchen nie, auch wenn er es am Kragen hätte*. Es gehört schon ein starker Wille zur Selbsterkenntnis dazu, sich einzugestehen, aus welcher Motivation, aus welchem Motiv heraus, man sich für oder gegen etwas entscheidet. Oder wie lauter die Absicht ist, die einen dabei leitet. Freiheit ist ohne Risiko zu irren offenbar nicht zu haben.

Wer jedoch mit der Frage lebt, wenn er oder sie etwas beurteilen oder entscheiden muss, ob dies in seinen Konsequenzen die menschliche Freiheit fördert und ob man es mit der eigenen Urteilskraft überschauen kann, wird leichter erkennen, ob die betreffenden Absichten und Ziele die Menschenwürde achten und fördern oder nicht. Dann wird auch transparent, welchem Geist man dient, wenn man einer Sache zustimmt oder nicht.

Menschenbild und Denkweisen in der Medizin – braucht es auch eine „Gedankenwende"?

Durch die naturwissenschaftlich orientierte Medizin wird das Konzept vertreten, dass Krankheiten Irrtümer der Natur sind, die man in dem Maß ausschalten kann, indem man den Mechanismus ihrer Entstehung kennt. So segensreich es ist, wenn man Krankheiten effizient behandeln kann, so naiv mutet es einen an – wenn man die verschiedenen Ebenen kennt, von denen Kränkungen und Heilungsvorgänge ausgehen können –, dass man meint, von der Endstation Krankheit im Physischen aus alles beherrschen zu können. Ganz abgesehen davon, dass die menschengemachten Veränderungen unserer Lebensräume und die horrenden Gegensätze von Arm und Reich, mit und ohne gute Erziehung und Bildung für die meisten Krankheiten und frühen Todesfälle verantwortlich sind, und nicht irgendwelche Krankheitserreger.

Auch die Corona-Krise zeigt dies mit größter Deutlichkeit. So sinnvoll die physisch wirksamen Notmaßnahmen von Isolation und Schutz jetzt auch erst einmal sind, so verheerend wäre es, wenn nach diesem Muster eine neue Art von politisch-medizinwissenschaftlicher Form der Diktatur entstünde, die den Einzelnen in seiner Gesundheitsautonomie bis zu Entmündigung einschränken könnte. Denn die Instrumente dafür sind da und werden gegenwärtig erfolgreich erprobt.

Wie viele alte Menschen würden aber – bei entsprechender Aufklärung – die Ansteckungsgefahr und die Möglichkeiten der Palliativmedizin als Alternative zur Intensivstation im Falle einer schweren Erkrankung klar bevorzugen? Viele würden mit Sicherheit sagen: meine persönliche Freiheit ist mir wichtiger als eine verordnete Sicherheit – selbst wenn mein Leben früher enden sollte.

Ein Gesundheitswesen, das den Sinn und die Bedeutung von Krankheit und Tod im Leben eines Menschen nicht anerkennt, kann weder umfassend urteilen noch den individuellen Fragen Bedürfnissen von Erkrankten gerecht werden. Warum sollte ein alter Mensch nicht das Recht haben, in ein Konzert zu gehen, auch wenn er weiß, dass er sich dort in einer Grippesaison anstecken kann? Es ist zu hoffen, dass Patientenverfügungen in Zukunft auch dafür da sein werden, dass man selbst bestimmen kann, welchen Schutz zu welchen Bedingungen man annimmt oder darauf verzichtet und die entsprechenden Konsequenzen trägt.

Ein Menschenbild, das auch mit der geistigen Dimension des Menschen rechnet und seiner Entwicklungsfähigkeit zu Freiheit und Würde, muss – wenn Medizin menschlich bleiben und immer mehr werden soll – die naturwissenschaftliche Medizin der Gegenwart ergänzen. Auch wenn das für die Schulmedizin einschneidende Folgen hat, z.B. angesichts der Behandlung der oben genannten psychosomatischen Probleme. Selbstverständlich ist die Behandlung akuter Symptome wie Schlafstörungen, „nervöse Herzbeschwerden", Magenschmerzen, Appetitprobleme, Unruhezustände, Kopfschmerzen, depressive Verstimmungen, Angstzustände, Hass und Frustration mit Schmerzmitteln und Psychopharmaka erst einmal entlastend und hilfreich. Hat aber der Arzt körperliche Ursachen für die Symptome ausgeschlossen, sollte die Behandlung so nicht weitergeführt werden. Was in der akuten Situation durchaus sinnvoll sein kann, führt später unweigerlich in eine Sackgasse der Entwicklung.

Denn wir Menschen sind nicht so geartet wie die Tiere, die von Natur aus alles richtig machen und „können". Wir müssen von Anfang an alles aktiv lernen. Selbst die menschlichsten Eigenschaften wie das Gehen, Sprechen und Denken werden uns nicht geschenkt. Auch so „natürliche" Dinge wie gut schlafen, gesund essen, menschlicher Umgang mit der Fortpflanzungsfähigkeit usw. müssen im Laufe des Lebens gelernt werden. Ein gleiches gilt für die seelischen Eigenschaften wie das sich abgrenzen lernen, gesundes Selbstbewusstsein entwickeln, Selbstkontrolle, Konzentration, innere Ruhe etc. Wenn eine medizinische Denkweise befürwortet, Entwicklungsarbeit durch Medikamente zu ersetzen, so schadet sie dem Menschen mehr als sie nützt.

Wie aber kann uns die Frage nach Denkweisen in der Medizin für den Lockdown des wirtschaftlich-sozialen Lebens weiterhelfen? Die Befürchtung, dass das Gesundheitssystem eines Landes nicht auf epidemisches Anwachsen von Lungenentzündungen mit möglicher intensivmedizinischer Intervention vorbereitet ist, hat den Lockdown gerechtfertigt. Unter diesem Aspekt ist so eine Maßnahme auf Zeit vertretbar. Die dadurch gewonnene Zeit kann genützt werden, um die Versorgung mit Schutzmaterialien, Intensivbetten und vor allem medizinisch ausreichend geschulten Fachkräften sicher zu stellen. Auch gilt es, die Qualität der Gesundheitsversorgung des Landes unter die Lupe zu nehmen und längst fällige und angemahnte Verbesserungen und Investitionen zu tätigen. Zudem dient die Verlangsamung der Ausbreitung durch das „social distancing" dazu, dass alle auf das Risiko aufmerksam werden und sich ihrer sozialen Mitverantwortung bewusst werden. Gute Hygiene-Regeln gelten ja auch für jede Grippe-Epidemie.

Entscheidend ist daher, dass jetzt überdacht wird, wohin das „kaputt-Sparen" der Krankenhäuser in Folge der Privatisierung geführt hat, ganz zu schweigen von den

Notständen der Fachkräfte in Pflege und Sozialen Diensten, die seit Jahrzehnten beklagt werden. Denn dieses ist Folge der materialistischen und auf Gewinnmaximierung hin orientierten Denkweise. *Das* ist das Problem, was uns den Lockdown beschert hat. Wenn in Zukunft ein Lockdown vermieden werden soll, braucht es hier ein Umdenken. So sehr man jetzt die Digitalisierung vorantreibt, um mit ihrer Hilfe Lockdown-Probleme zu kompensieren und fraglichen und tatsächlichen Ansteckungen besser begegnen zu können – mit ähnlicher Intensität müsste auch in ein gesundes Gesundheitswesen und gute fachliche und menschliche Betreuung investiert werden. Und nicht nur das. Die ökologischen Probleme müssen als Hauptursache der Pandemien diagnostiziert und global behandelt werden.

Dazu zwei Beispiele aus dem genannten Aufsatz von Thomas Hartmuth:

„Dass die modernen Geflügelmästereien mit artgerechter Haltung wenig zu tun haben, braucht wohl nicht betont zu werden. In den letzten Jahren tauchten plötzlich mutierte Virenstämme (H5Nx) auf, die zu einem Anstieg der Sterberaten durch Vogelgrippe führten und von denen befürchtet wurde, sie könnten auf den Menschen überspringen und eine globale Seuche auslösen. Es wurden nun – aus welchen Gründen auch immer – hauptsächlich Forschungsresultate der industrienahen Institute publiziert, wonach dieses neue Virus angeblich von asiatischen Wildvögeln nach Europa importiert worden sei. Wie der US-amerikanische Evolutionsbiologe *Robert Wallace* (2016) von der Universität Minnesota in seinem Buch ‚Big farms make big flu' (‚Große Farmen machen große Grippewellen') stichhaltig nachwies, stammen diese neuen Erreger (Campylobacter, Nipah-Virus, Q-Fieber, Hepatitis E und verschiedene neuartige Influenza-Varianten) ausnahmslos aus der industriellen Landwirtschaft. Bei Wildvögeln konnten die mutierten Stämme nicht nachgewiesen werden.

2011 kauften die Tierzüchter in den USA 14.000 Tonnen Antibiotika. Das sind 70–80% des gesamten jährlichen Verbrauchs in den USA, also nur ein Viertel kommt in der

Humanmedizin zum Einsatz. Solche Verbrauchszahlen gelten für fast alle westlichen Industrienationen. Ohne diesen massiven Antibiotikaeinsatz würde es in den Mästereien zu einem Massensterben durch Seuchen kommen."[21]

„Mit Verweis auf Prof. *Christine Moissl-Eichinger*, Professorin für Interaktive Mikrobiom-forschung an der Medizinischen Universität Graz, wird auf zahlreiche Untersuchungen aufmerksam gemacht, bei denen man pathogene Erreger wie zum Beispiel multiresistente Keime auf Intensivstationen nicht durch zusätzliche Bakterizide und Antibiotika eliminiert hat, sondern indem man das mikrobielle Gesamtsystem durch Zusatz von hoch diversen Bakteriengemeinschaften (Fenster öffnen, Zusatz von ‚gesunden' Bakterien zum Wischwasser) so verändert hat, dass die pathogenen Keime neutralisiert wurden".[22]

Solange man Massentierhaltung und großflächige Monokulturen als zwingend für die Welternährung darstellt und deshalb dorthin der größte Teil staatlicher Subventionen fließt und Kleinbauern kaum Hilfe erfahren, werden diese weiter ihre Länder an Großunternehmer verkaufen. Es braucht eine gesunde Denkweise über die Kreisläufe des Lebens und darüber, wie in der Natur und Entwicklung alles mit allem zusammen hängt. In diesem Zusammenhang ist das Lesen von Zeitungsberichten wie dem aus der Basler Zeitung vom 16. April unter der Überschrift „Menschen hungern, während die Ernte verfault" schlicht unerträglich: Millionen Tonnen subventionierter Agrarprodukte landen im Müll wegen der Schließung der Restaurants und Schulen in den USA und der mangelnden Logistik, die Nahrungsmittel dorthin zu bringen, wo die Not herrscht – den Food Banks für die Bedürftigen.

Medizin ist Diagnose und Therapie in umfassendem Sinn. Es gilt nicht nur Viren zu bekämpfen mit Tests, Impfun-

---

[21] Thomas Hardtmuth, *Die Rolle der Viren in Evolution und Medizin*, a.a.O., S. 47.
[22] Ebenda, S. 46.

gen, Hyperimmunglobulinen, Virostatika – es kommt auch auf die Unterstützung der Bevölkerung in Form einer Resilienz und Gesundheit fördernden Erziehung an.[23] Gute Erziehung, selbständiges Denken und weiterführende Bildungschancen sind auch längerfristig das beste Mittel, um Wachstum der Weltbevölkerung auf gesunde Art zu regulieren. Hinzu kommt die Notwendigkeit einer breiten Aufklärung, warum Nahrungsmittel auf eine artgemäße und ökologisch sinnvolle Erzeugung angewiesen sind. Und warum z.B. täglicher Fleischkonsum eher gesundheitsschädlich als förderlich ist etc. All dies wäre möglich, wenn sich genügend Menschen für eine solche „Gedankenwende" begeistern können.

Anthroposophische Medizin – ein integrativmedizinischer Ansatz

Die Anthroposophische Medizin wurde von dem österreichischen Philosophen *Rudolf Steiner* (1861 – 1925) und der holländischen Ärztin *Ita Wegman* (1876 – 1943) 1920 in Dornach/Schweiz begründet[24]. Sie feiert im Jahr der Corona-Pandemie ihren 100. Geburtstag. Dabei ist interessant, dass Steiner in seinem Begründungskurs von 20 Vorträgen in der Osterzeit 1920[25] nicht nur auf die damals noch virulente Spanische Grippe eingeht und das einseitige Ansteckungsmodell zum Verständnis von Infektionskrankheiten kritisch beleuchtet. Am 7. April 1920 warnte er auch in einem eingeschalteten öffentlichen Vortrag vor der Gefahr, dass gesundheitliche und hygienische Fragen der demokratischen Kontrolle entzogen und strikt autoritär von der herrschenden

---

[23] Vgl. Michaela Glöckler, *Schule als Ort gesunder Entwicklung*, a.a.O.
[24] Siehe Michaela Glöckler, *Was ist Anthroposophische Medizin?* a.a.O.
[25] Siehe Rudolf Steiner, *Geisteswissenschaft und Medizin. Erster Ärztekurs*. GA 312, Dornach 2020.

wissenschaftlichen Meinung und Politik entschieden werden.

„Das Undemokratische dieses Autoritätsglaubens tritt der Sehnsucht nach Demokratie gegenüber (...) Sollte nicht ein stärkeres Demokratisieren, als es heute unter den gegenwärtigen Verhältnissen möglich ist, auf einem solchen Gebiete angestrebt werden können, das so nahe, so unendlich nahe jeden einzelnen Menschen und damit die Menschengemeinschaft angeht, wie die öffentliche Gesundheitspflege?"[26]

Selbstverständlich geht es Steiner nicht darum, Fach- und Sachautoritäten in Frage zu stellen. Wohl aber die Art und Weise, wie eine bestimmte Hygiene-Auffassung mit Staatsgewalt durchgesetzt wird, ohne dass die Menschen, um deren Gesundheit es geht, ein Mitspracherecht haben – zumal es nicht nur das naturwissenschaftliche Denkmodell über den Menschen gibt und die damit verbundene Auffassung von Gesundheit und Krankheit. Da schon das Wort Anthroposophie (griechisch: Anthropos/Mensch, Sophia/Weisheit) Menschlichkeit bedeutet, ist klar, dass es Steiner um das Recht des Menschen auf umfassende Selbstbestimmung und Selbstentwicklung geht und um ein Gemeinwesen mündiger Menschen, die wissen, dass sie einander brauchen und für und mit einander leben.

Liest man diese Worte 100 Jahre später inmitten der Corona-Krise, so bekommen sie eine fast dramatisch anmutende Aktualität. Zumal wenn man Steiners Sorgen und Fragen mit denen von *Bill Gates* vergleicht, die er auf seiner Website der *Bill-und-Melinda-Gates-Stiftung* als die führende Ansicht geltend macht. Dort setzt er sich für flächendeckende Tests in der Weltbevölkerung ein, globale Impfstrategien und bei Bedarf gesundheitliche Totalüberwachung mit Hilfe der Informationstechnolo-

---

[26] Rudolf Steiner, *Die Hygiene als soziale Frage*, öffentlicher Vortrag, 7. April 1920. In: *Fachwissenschaften und Anthroposophie*, GA 73a, Dornach 2005.

gie. Auch betont er, wie Staat und Privatwirtschaft hier zusammen arbeiten müssen, damit das alles effizient umgesetzt werden kann.

So erscheint die moderne Wissenschafts- und Wirtschaftsdiktatur als Möglichkeit voll am Horizont.[27] Angesichts einer solchen Gefahr betont Steiner, dass das Wirtschaftliche nicht zum „Herrn über das Geistige" werden darf. Der Gesundheit der Menschen sollte man nicht mit ökonomischer Gesinnung dienen, sondern aus „sozialem Sinn". So seien etwa zur Erklärung des Typhus noch ganz andere Dinge notwendig als die Typhusbazillen. Hängen doch hygienische Fragen eminent mit sozialem Status und Erziehungsfragen zusammen. Steiner fordert den gesundheitsbewussten Patienten, den „mündig gewordenen Menschen", welcher „dem als einem Gleichen gegenüberstehen (wird), der ihm das oder jenes sagt: dem sachverständigen Mediziner".[28] Dazu wäre aber eine Schulbildung nötig, die das Fundament dazu legt. Nicht auf Autorität hin sollte der Kranke etwas annehmen, sondern wo immer möglich aus Einsicht. Steiners Credo war: soziale Fragen müssen mit pädagogischen Mitteln angegangen werden und pädagogische Fragen mit einem Schulsystem, das sich an der gesunden Entwicklung der Kinder und Jugendlichen orientiert, anstatt an den Leistungsvorgaben aus Wirtschaft und Politik. Daher auch seine Forderung bei Begründung der Waldorfpädagogik 1919, dass es ein Recht auf Bildung geben müsse bis zum 18. Lebensjahr und erst danach die Vorbereitung auf welchen Schulabschluss auch immer – je nachdem, was der Jugendliche dann vorhat. Erziehung war für Steiner deshalb der wichtigste Teil der Gesundheitsvorsorge: Präventivmedizin.[29]

---

[27] Vgl. auch hierzu den Beitrag von Andreas Neider.
[28] Ebd.
[29] Ebd.

In der Anthroposophischen Medizin werden diese verschiedenen Ebenen, von denen Kränkung oder Schwächung der körperlichen Konstitution ausgehen können, differenziert beschrieben und als physische, ätherische, astralische und Ich-Organisation benannt. Diese „Organisationen" sind komplexe Zusammenhänge von Gesetzmäßigkeiten, die Rudolf Steiner auch als „Wesensglieder" bezeichnet hat – handelt es sich dabei doch um die zentralen Wesensäußerungen des Menschen als physisch-körperlich, belebt, beseelt und geistbegabt. Entscheidend ist dabei, dass diese Gesetzeszusammenhänge nicht nur den Körper in seiner Komplexität konstituieren, sondern sich im Verlaufe des Lebens auch durch Wachstum und Entwicklung wieder von der Tätigkeit in der Körperkonstitution emanzipieren können. Sie stehen dann als die Seelenfähigkeiten des Denkens, Fühlens und Wollens zur Verfügung, die den inneren Entwicklungsraum der Seele darstellen.[30] Eine solche Betrachtung macht es auch möglich, das vorgeburtliche und nachtodliche Menschenwesen konkret zu denken. So wie das Gesetz des freien Falls wirkt, wenn ein Körper fällt, so kann man es auch „nur" denken, ohne dass gerade etwas fällt. Ebenso kann der Mensch vorgeburtlich als „ewig", d.h. in Gedanken, Gefühlen und Absichten lebend vorgestellt werden und dann auch wieder nachtodlich, wenn er seinen Erdenkörper abgelegt hat und Rückblick auf sein Leben und seine bisherige Entwicklung hält.

---

[30] Vgl. Rudolf Seiner, Ita Wegmann, *Grundlegendes für eine Erweiterung der Heilkunst nach geisteswissenschaftlichen Erkenntnissen*, GA 27, Dornach 1991, S. 12 f.

Beziehung der Wesensglieder bzw. Organisationen zu Denken, Fühlen und Wollen.[31]

Durch diese Sichtweise auf den Menschen wird nicht nur eine integrative Medizin möglich, die auf der physischen Ebene die Möglichkeiten der Schulmedizin beinhaltet. Vielmehr kann man dadurch noch konkreter verständlich machen, warum über Lebensstil, Selbsterziehung im Seelischen und geistig-meditative und religiöse Übungen die Gesundheit ebenfalls unmittelbar beeinflusst werden kann. Diese Zusammenhänge lassen sich im Einzelnen studieren und man lernt dadurch die geistige Realität von Gedanken erleben – auch den Gedanken des eigenen Ich. Wer anfängt, bewusst in seinem Denken, Fühlen und Wollen als in einer nichtsinnlichen Welt zu leben, in der sein Wesen „ewig" beheimatet ist, so wie sein Körper in

---

[31] Abb. entnommen aus Michaela Glöckler, *Schule als Ort gesunder Entwicklung. Erfahrungen und Perspektiven aus der Waldorfpädagogik für die Erziehung im 21. Jahrhundert*, Stuttgart 2020.

der vergänglichen Welt, steht mit anderer Kraft im Leben, als jemand, dem die geistige Welt verschlossen ist.[32]

Ein spirituelles Menschenbild wie dieses kann aber auch wie eine Art Heilmittel empfunden werden gegenüber der Kränkung durch die materialistische Weltanschauung. Ist es nicht kränkend, den Menschen zu einem Zufallsprodukt materieller Vorgänge zu erklären? Ihn über seine innere Natur im Ungewissen zu lassen, was begreiflicher Weise Angst und Depression verursacht? Und voll von Hohn und Spott ein geistiges Weiterleben nach dem Tod für Spinnerei oder eine vorwissenschaftliche Glaubenssache zu erklären? Dass wer so denkt, es zudem schwer hat, ein ökologisches und empathisches Bewusstsein zu entwickeln, ist dann nur zu verstehen.

Welche Möglichkeiten bietet die Anthroposophische Medizin zur Vorbeugung und Behandlung von COVID-19?

Die anthroposophischen Krankenhäuser in Berlin/Havelhöhe, Herdecke/Ruhr und die Filderklinik bei Stuttgart sind Teil der Regionalversorgung. Berlin/Havelhöhe hat unmittelbar zu Beginn der Krise eine Corona-Ambulanz eingerichtet[33], und alle Häuser haben ihre intensiv-medizinischen Kapazitäten erweitert. Neben den Möglichkeiten der schulmedizinischen Behandlung kommen dort auch die supportiven Arzneimittel der Anthroposophischen Medizin zum Einsatz, die die Selbstregulation des Körpers unterstützen. In Genf konnten anthroposophische Ärzte bei einem *WHO online*

---

[32] Siehe dazu auch den nachfolgenden Beitrag von *Andreas Neider*.
[33] Vgl. www.tagesspiegel.de/berlin/neue-coronavirus-ambulanz-in-berlin-spandau-wir-sehen-eine-extreme-verunsicherung-der-bevoelkerung/25622712.html

meeting on COVID 19, bei dem die Erfahrungen verschiedener komplementär-medizinischer Systeme ausgetauscht wurden, das im Klinikzusammenhang bisher abgestimmte Behandlungskonzept bei COVID-19-Patienten präsentieren. Dabei zeigten sich interessante Parallelen mit dem Behandlungskonzept der Traditionellen Chinesischen Medizin (TCM), die derzeit in China breit im Einsatz ist.

In Klinik und ambulanter Praxis kommt der Fieberbehandlung dabei eine zentrale Bedeutung zu. So wie Viren an der Luft empfindlich auf Sonnenlicht und Wärme reagieren, so ist es auch im Organismus. Der Körper reagiert mit Fieber, um die Viren abzutöten. Zusätzlich sind eine fröhlich-helle Stimmung und liebevolle Versorgung und Begleitung äußerst hilfreich für den Genesungsprozess.[34] Daher werden fiebersenkende Arzneimittel (Antipyretika) nur dann erwogen, wenn die Selbstregulation des Kranken zu schwach ist. Ansonsten wird der Körper mit physikalisch-physiologischen Maßnahmen (z.B. Wadenwickel) in seinem Bestreben, durch Erhöhung des Wärmezustands die Viren zu bekämpfen, positiv unterstützt und das Fieber in gesundenden Grenzen gehalten aber nicht unnötig gesenkt..

Der anthroposophische Kinderarzt Prof. *David Martin* hat die Grundprinzipien einer physiologischen Fieberbehandlung auf seiner Website und in einem Video erläutert und viel dazu beigetragen, die Angst vor dem Fieber zu nehmen. Auch gibt es von ihm zwölf Interviews zu allen Fragen rund um Fieber, Allergie und Immunsystem.[35] Wichtig sind aber auch ausreichender Schlaf, gesunde

---

[34] Vgl. www.tagesspiegel.de/berlin/neue-coronavirus-ambulanz-in-berlin-spandau-wir-sehen-eine-extreme-verunsicherung-der-bevoelkerung/25622712.html

[35] Siehe www.warmuptofever.org, www.youtube.com/watch?v=ivurd9lmteU sowie www.medsektion-goetheanum.org/anthroposophische-medizin/care-praxis-anthroposophische-medizin/umgang-mit-fieber-und-infektionserkrankungen-care-ii/.

Ernährung und regelmäßige körperliche Bewegung und Spaziergänge an der frischen Luft. Die bisherigen Erfahrungen zur anthroposophischen Behandlung von Atemwegsinfekten finden sich im Vademecum ausführlich dokumentiert.[36]

Auf seelischer Ebene sind es positive Gefühle, die helfen, gesund zu bleiben. Denn dass gerade Gefühle sehr stark Einfluss nehmen auf die Art und Weise, wie tief oder wie oberflächlich wir atmen, wie regelmäßig und entspannt oder angespannt und stockend, kennt jeder aus eigener Erfahrung.[37]

Da die Atemwege bei der COVID-19-Infektion besonders betroffen sein können, bis hin zur schwersten lebensbedrohlichen Pneumonie, ist es besonders wichtig, sich diesen Zusammenhang bewusst zu machen. Wie aber kann man positive Gefühle erzeugen, wenn man Angst vor Ansteckung hat? Wenn man Stress und Wut hat in den beengten häuslichen Verhältnissen? Wenn man Sorgen hat um Kranke oder alte Familienangehörige, mit denen man nur noch telefonisch Kontakt aufnehmen und die man nicht besuchen kann? Da gibt es verschiedene Möglichkeiten: An erster Stelle steht sicher Musik, die man liebt. Hört man sie und kann sich auf sie einlassen, so erlebt man unmittelbar, wie sich die Seelenstimmung und der Gefühlszustand und das Atmungsverhalten ändern. Auch die Besinnung auf Momente im Leben, wo man dankbar sein konnte, zufrieden und glücklich – sie können einem deutlich machen, dass dies zwar jetzt eine Krise ist, aber sicher auch wieder andere Zeiten kommen

---

[36] *Vademecum Anthroposophische Arzneimittel*, Supplement *Der Merkurstab* 70, Berlin 2017. Für die Selbstbehandlung zu Hause bei leichteren Formen der Infektion kann ich die Publikation von Markus Sommer, *Grippe und Erkältungskrankheiten natürlich heilen*, Stuttgart 2009, sehr empfehlen.
[37] Siehe dazu auch den Beitrag von Andreas Neider.

werden. Hinzu kommen Gebete und Meditationssprüche, die man sich vornehmen kann. Zum Beispiel ein solcher von Rudolf Steiner, der hilft, innere Ruhe wieder herzustellen:

> *Ich trage Ruhe in mir,*
> *Ich trage in mir selbst*
> *Die Kräfte die mich stärken.*
> *Ich will mich erfüllen*
> *Mit dieser Kräfte Wärme,*
> *Ich will mich durchdringen*
> *Mit meines Willens Macht.*
> *Und fühlen will ich*
> *Wie Ruhe sich ergießt*
> *Durch all mein Sein,*
> *Wenn ich mich stärke,*
> *Die Ruhe als Kraft*
> *In mir zu finden*
> *Durch meines Strebens Macht.*

Im Zwischenmenschlichen hilft sehr, wenn man bewusster zuhört, was der andere sagen will, und, anstatt sofort zu reagieren, einen Moment überlegt, wie man die Antwort so formuliert, dass sie gut aufgenommen werden kann. Der Salutogenese-Forscher *Aaron Antonovsky* (1923–1994) fand drei Gefühlsqualitäten heraus, die den Menschen innerlich sicher und widerstandsfähig (resilient) machen können.[38] Übt man diese im zwischenmenschlichen Dialog zu Hause und am Arbeitsplatz (wenn dies wieder möglich ist), so kann man sich und anderen helfen, freier zu atmen und sich gesünder zu fühlen. Es sind dies die Gefühle die man hat, wenn man

---

[38] Aaron Antonovsky, *Salutogenese – Zur Entmystifizierung der Gesundheit*, Tübingen 1997.

etwas versteht, etwas als sinnstiftend erlebt und wenn man die Freude empfindet, etwas zu können.

Dieser dreifache „sense of coherence", das dreifache Kohärenzgefühl der *Verstehbarkeit*, *Sinnhaftigkeit* und *Handhabbarkeit* spielen im zwischenmenschlichen Bereich die zentrale Rolle. Sich verstanden fühlen tut gut, bei seinem Denken und Tun Sinn zu erleben, ebenfalls – und die Erfahrung zu machen, dass man helfen kann und Können Freude macht. Viel davon kann gerade jetzt, wo so vieles auf engstem Raum zu Hause stattfinden muss, im positiven wie negativen Sinn erlebt aber auch mit viel Humor geübt werden. Denn nichts ist kränkender, als sich unverstanden, sinnlos und ohnmächtig zu erleben. Es sind eben Gefühle, durch die wir uns mit uns selbst und der Welt im Zusammenhang erleben. Zusammenhang aber ist das Gesetz aller Lebewesen – keines könnte ohne den Bezug zur Umwelt überleben. Aus dem Zusammenhang herausfallen und Isolation sind hingegen lebensfeindlich und kränkend, und wenn sie zu lange anhalten auch tödlich.

Auf geistiger Ebene wirken gute Gedanken und Motivationen immunstimulierend, die auf das Wesentliche gerichtet sind und uns spüren lassen, dass wir nicht nur aus einem physischen Leib bestehen, sondern auch eine dem Denken zugängliche geistige, unzerstörbare Identität haben. Wer kennt nicht die Kraft, die man plötzlich hat, wenn man sich für etwas begeistert? Wenn man ein Ideal hat, für dessen Realisierung man sich einsetzt? Gute Gedanken sind es aber auch, die Menschen geistig verbinden und womit wir uns geistig stärken können. Wie stark wird es oft von Kranken erlebt, wenn Menschen gute Gedanken schicken.

Woher kommt diese „Macht der Gedanken"? Schon eine einfache Überlegung macht dies deutlich: Es sind ja letztlich immer Gedanken, Gesetzmäßigkeiten, die das

Leben und unsere Mitwelt – einschließlich der technischen Instrumente, die wir schaffen – bestimmen. Gesetzmäßigkeiten wirken, jeder Gesetzmäßigkeit liegt aber ein Gedanke zu Grunde. Gedanken sind sozusagen wirkmächtige Gesetzlichkeiten. Auch in der Selbsterziehung ist dies tägliche Erfahrung: Ich entwickle mich in der Richtung, wie ich es mir zunächst einmal gedanklich vornehme und dann übend realisiere. Wer z.B. Ehrlichkeit im täglichen Leben übt, wird irgendwann einmal ein echt ehrlicher Mensch. Und so ist es auch mit dem Glauben und dem Vertrauen: Ich kann nur an etwas Glauben, auf etwas vertrauen, was ich denken kann – selbst wenn ich es noch nicht voll verstehe. Im Griechischen haben Glauben und Vertrauen dasselbe Wort: Pistis. Vertrauen aber ist das Grundgefühl, das wir dem Denken gegenüber haben. Die beiden gehören zusammen. Denn wir vertrauen unserem Denken bedingungslos – weswegen Zweifel – die ja auch Gedanken sind – uns so quälen können. Würden wir ihnen keinen Glauben schenken, hätten sie diese Macht nicht über uns.

Daher haben Worte und Gedanken, wie sie der evangelische Theologe *Dietrich Bonhoeffer* in einem Gebet, das er wenige Monate vor seiner Hinrichtung im Gefängnis niedergeschrieben hat, eine so starke Wirkung gehabt, dass sie bald Bestandteil jeder größeren Gebetssammlung geworden sind. Eine Strophe daraus möge daran erinnern:

> *Von guten Mächten wunderbar geborgen*
> *Erwarten wir getrost was kommen mag*
> *Gott ist bei uns am Abend und am Morgen*
> *Und ganz gewiss an jedem neuen Tag.*

Gedanken und Worte wie diese haben deswegen eine unmittelbar heilsame und Ich-stärkende Wirkung, weil Gedanken nicht nur als Naturgesetze die materielle Welt

beherrschen, sondern auch die Brücke bilden in die unsichtbare göttlich-geistige Welt. Wer sich mit seinem Denken auch hier beheimaten lernt und sich mit Zielen und Idealen identifiziert, die aus dieser Welt stammen, hat sich eine unversiegliche Gesundheitsquelle erschlossen.
Denn es ist letztlich ja das Immunsystem was unsere körperliche Identität sichert, dieses wird aber gestärkt und beeinflusst durch die erworbene seelische und geistige Immunität, die durch die Identifikation mit dem entsteht, was uns begeistert und unserem Leben Sinn verleiht. *Goethe* hat dieses Erlebnis von der Ewigkeit und Unzerstörbarkeit der Gedanken in seinem Gedicht „Vermächtnis" zum Ausdruck gebracht:

> *Kein Wesen kann zu nichts zerfallen!*
> *Das Ew`ge regt sich fort in allen!*
> *Am Sein erhalte dich beglückt!*
> *Das Sein ist ewig; denn Gesetze*
> *Bewahren die lebend'gen Schätze,*
> *Aus welchen sich das All geschmückt.*

Rudolf Steiner hat diese ewigen Werte und Ideale einmal für einen Schüler so formuliert:

> *Das Schöne bewundern,*
> *Das Wahre behüten,*
> *Das Edle verehren,*
> *Das Gute beschließen.*
> *Es führet den Menschen*
> *Im Leben zu Zielen,*
> *Im Handeln zum Rechten,*
> *Im Fühlen zum Frieden*
> *Im Denken zum Lichte;*
> *Und lehrt ihn Vertrauen*
> *Auf göttliches Walten*

*In allem, was ist
Im Weltenall
Im Seelengrund.*

Anthroposophische Medizin versteht sich als Integrativmedizin, die ihre Behandlungsansätze auf allen Ebenen menschlicher Existenz den jeweils individuellen Gegebenheiten anpasst.

Was für Kinder in der Krise wichtig ist

Die gute Nachricht ist, dass nach den bisherigen Erfahrungen Kinder und Jugendliche offensichtlich nicht schwer erkranken, sondern harmlos bis gar nicht. Dazu bemerkte Prof. Drosten am 16.4. im NDR-Podcast auch, dass sich in Haushalten offenbar nur wenige Menschen anstecken. Vielleicht gebe es eine bisher unbemerkte Hintergrundimmunität durch Erkältungs-Corona-Viren.

In seinem Kommentar in der Stuttgarter Zeitung vom 17. April 2020 „Die Last der Familien – die Politik muss Eltern und Kinder in der Krise stärker unterstützen" bringt *Dieter Fuchs* die Probleme zu Hause auf den Punkt:

„11,4 Millionen Familien mit minderjährigen Kindern werden gezwungen, Erwerbstätigkeit, Lernen und Kinderfürsorge irgendwie zu organisieren, in einer weitgehenden Isolation von anderen Menschen, die helfen könnten. Vor allem für Familien mit kleinen Kindern ist das auf Dauer kaum machbar. Psychische und wirtschaftliche Probleme sind die Folge – Härten, die von der Politik bisher nicht mit der nötigen Aufmerksamkeit bedacht werden. Das sollte sich ändern. (…) Es bedarf individueller Lösungen, organisiert womöglich von den Jugendämtern. Bildungsferne und arme Familien könnten sonst durch den Rost fallen. Und den Preis dafür zahlen vor allem die Kinder. Es droht eine Generation Corona. (…) Ihre Grundrechte auf Bildung, Freizügigkeit und sozialen Austausch werden ignoriert. Eine Gesellschaft, die Eltern und

Kindern monatelang diese Last aufbürdet, wird einen hohen Preis dafür zahlen."

So wahr diese Worte sind, so wahr ist aber auch, was alles vor Ort von den Verantwortlichen in den Kindertagesstätten, Kindergärten und Schulen mobilisiert wird, um während der Zwangsschließungen Überbrückungsangebote zu machen, Online- und Telefonberatungen anzubieten und Solidarität zu zeigen. Eine Lehrerin z.B. hat alle Kinder zu Hause besucht, täglich mit den Eltern per E-Mail und Dropbox Aktivitäten und Aufgaben besprochen. Eine andere steht mit vielen Kindern in ständigem Briefkontakt. Denn: Was brauchen Kinder in Krisensituationen am allernötigsten? Was ist das wichtigste? *Menschliche Verbindlichkeit, Präsenz und Nähe.*

Die Präsenz von mindestens einem Erwachsenen, der ihnen das Gefühl geben kann, dass die Welt trotz aller Aufregungen um Corona in Ordnung ist. Auch in Kriegszeiten hatten Kinder immer dann den nötigen Schutz, wenn Erwachsene durch ihre innere Sicherheit, ihr Vertrauen in das Leben und die Zukunft Ruhe und Zuversicht ausstrahlen konnten. Und den Kindern zuliebe kann man das viel leichter als ohne sie. Gemeinsame Spiele, vorlesen, sich unterhalten, singen, malen, basteln – all das sind hilfreiche Instrumente, um die Verbindung zu intensivieren. Alles was die unmittelbare menschliche Beziehung vertieft und Nähe erlebbar macht, ist seelische Nahrung, die in solchen Zeiten fast noch wichtiger ist als das gute Essen auf dem Tisch.

Was aber kann man zu Hause und in der näheren Umgebung noch tun? Wo immer möglich die Kinder einbeziehen in die häuslichen Tätigkeiten: zu Hause kochen, putzen, aufräumen. Wenn die Erwachsenen etwas gerne machen, fühlen sich Kinder angezogen und wollen mitmachen. Beim Spazierengehen mit den Augen der Kinder schauen, entdecken, sich freuen am schönen Wetter, den Blumen, den Wolken, dem Wind.

Und das Wichtigste: eine der Begleiterscheinungen der Corona-Krise ist ja der enorme Bedeutungsschub, den die Digitalisierung durch sie erfahren hat. Die soziale Isolierung verlagert die Kommunikation auf die elektronischen Medien, Grenzschließungen und Reiseverbote legen nahe, sich stattdessen virtuell per *Zoom* oder *Skype* zu treffen. Die Schulen machen E-Learning Angebote, und zu Hause haben die Medien ja ohnehin ihren Platz. Und so wird der tägliche Kampf, die Bildschirmzeit zu begrenzen, noch mühsamer oder wird gar aufgegeben. Umso klarer muss an dieser Stelle gesagt werden, dass es nichts gibt, was eine gesunde Gehirnentwicklung von Kindern und Jugendlichen mehr untergräbt und beeinträchtigt als zu viel Bildschirmzeit in den Jahren der körperlichen Entwicklung. Ganz besonders in den ersten drei Lebensjahren, wo sich das Gehirn am schnellsten entwickelt – daher lautet hier die goldene Regel: „Unter drei – Bildschirm frei!"

Der Medienratgeber „Gesund aufwachsen in der digitalen Medienwelt", der vom Bündnis für humane Bildung erarbeitet und herausgegeben wurde, sei in diesem Zusammenhang dringend empfohlen.[39] Er bietet nicht nur auf der Basis unabhängiger Forschung die nötige wissenschaftliche Grundlage, um die neurobiologischen Zusammenhänge zu verstehen. Er erläutert auch die verstärkte Sensibilität jugendlicher Gehirne gegenüber dem Elektrosmog und klärt auf über die Möglichkeiten, wie man Kinder vor Cybermobbing und anderen negativen Einflüssen aus dem Internet und den sozialen Netzwerken schützen kann.

Besonders wichtig darin sind aber die positiven Hinweise, was man an die Stelle der Bildschirmzeit setzen kann, um Kindern und Jugendlichen altersgerechte Bildungs- und

---

[39] Siehe das Literaturverzeichnis.

Entwicklungsanregungen zu geben. Das menschliche Gehirn braucht etwa 16 Jahre, bis die Kontrollzentren im Frontalhirn soweit ausgereift sind, dass selbstständiges Denken, Verantwortungsgefühl und autonome Gewissensfähigkeit möglich sind.

Wie aber fördert man die Gehirnentwicklung am besten? Durch ganzkörperliche Aktivität! Sowie gehirngeschädigte Säuglinge mit Gymnastik behandelt werden und durch bestimmte Bewegungsmuster die geschädigten Areale Anreize zur Regeneration und Unterstützung aus nicht geschädigten Bereichen bekommen, so gehen interessanterweise auch die Empfehlungen zur Demenzprophylaxe in dieselbe Richtung. Nicht Kreuzworträtsel und Kopfrechnen werden empfohlen, sondern körperliche Geschicklichkeits-, Koordinations- und Bewegungsübungen. So sind auch die künstlerischen Tätigkeiten wie Malen, Plastizieren, Singen, Musizieren, Kasperle- und Puppen-Theater sowie die klassischen Schultätigkeiten wie z.B. das mühsame Schreiben lernen von Hand komplexe ganzkörperliche Aktivitäten, die die Gehirnentwicklung am nachhaltigsten fördern. Tippen und wischen am Touchscreen hingegen nicht. Am Bildschirm werden die eigene Aktivität des Körpers und eine komplexe sensorische Integrationsarbeit weitgehend ausgeschaltet.

Schon der Sehakt vor dem Bildschirm ist genau das Gegenteil von dem, was ein gesundes Auge tut. Beim Schauen sind die Augenmuskeln aktiv und bewegen sich, um im wahrsten Sinne des Wortes wahrzu*nehmen*, was man betrachten möchte. Vor dem Bildschirm hingegen bewegt sich das Bild und die Augenmuskeln sind starr und inaktiv. Was für Erwachsene mit ausgebildeten Gehirnstrukturen ein nicht so großes Problem ist, beliebig lange beruflich oder privat vor dem Bildschirm zu sitzen, ist für Kinder und Jugendliche eine permanente Fehlstimulation bei der Organreifung.

Was sind die Folgen? Man gewöhnt sich daran, jeweils im vorgelegten Schema angemessen zu reagieren. Fantasie, Empathie, selbstständiges Denken werden in ihrer Entwicklung gehemmt. Daher gilt in der Waldorfpädagogik der Grundsatz: Eigeninitiative fördern statt konsumieren, selbst die Dinge lernen, bevor man sie an den Computer delegiert – das fördert die humanen Kernkompetenzen. Pädagog*innen sei der von Prof. *Edwin Hübner* erarbeitete Waldorf-Lehrplan zur Medienpädagogik empfohlen, der reichhaltige Anregungen bietet, in kreativer Weise auf die erforderliche Medienkompetenz und Medienmündigkeit hinzuarbeiten.[40] Nicht unerwähnt bleiben soll auch die Initiative der Allianz ELIANT, die sich gemeinsam mit dem „Bündnis für humane Bildung" für ein Recht auf bildschirmfreie Kindergärten und Grundschulen einsetzt.[41]

Was macht die Krise mit uns?

In dem Bericht des Ethikrates der Bunderegierung von Prof. *Peter Dabrock* und Prof. *Steffen Augsberg* lesen wir u.a.:
„Für ein Gremium, dessen gesetzliche Aufgabe darin besteht, Bundestag und Bundesregierung zu beraten, aber auch öffentliche Diskurse zu stimulieren, ist das Anhalten der durchaus kontroversen Debatte selbstverständlich kein Grund zur Sorge. Die Debatte kann und sollte von allen, auch der Politik, als Ausdruck der offenen Gesellschaft begrüßt werden. Denn: Wenn Menschen schon in einem bewundernswerten Maß Solidarität zeigen und teils sehr drastische Freiheitsein-

---

[40] www.waldorfschule.de/fileadmin/bilder/Allgemeines/BdFW_Medienpaed_an_WS.pdf. In diesem Zusammenhang möchte ich auch auf die Initiative „echt dabei" aufmerksam machen und deren ausgezeichnete Website: www.echt-dabei.de, die ebenfalls hilfreiche Anregungen vermittelt, was man an Stelle des Bildschirms setzen kann. Für weitere Hinweise sieh auch das Literaturverzeichnis.
[41] www.eliant.eu.

schränkungen recht klaglos in Kauf nehmen, dann darf man ihnen nicht das Recht absprechen, über die ungekannten Herausforderungen der Gegenwart nachzudenken, ja auch zu klagen, darauf hinzuweisen, was sie bei sich und bei anderen an Belastungen erleben, oder zu hinterfragen, ob die ergriffenen Maßnahmen verhältnismäßig sind. Es ist vor diesem Hintergrund nicht nur legitim, sondern geboten, sich auch Gedanken zu machen, wie es weitergeht und unter welchen Bedingungen Öffnungsperspektiven verantwortbar, ja vielleicht sogar geboten sind. ‚Die Corona-Krise ist die Stunde der demokratisch legitimierten Politik.' Mit diesem Satz schließen wir unsere Stellungnahme – verstanden als Einladung und Aufforderung, dass die Entschlossenheit der handelnden Politik gestärkt wird, wenn sie – je länger je mehr – den Resonanzraum der Öffentlichkeit sucht. Den Bürgerinnen und Bürgern, die diese Öffentlichkeit sind, muss ihrerseits eine gewisse Geduld abverlangt werden, weil wir den Höhepunkt der Krise offensichtlich noch vor uns haben. Es ist zu früh, Öffnungen jetzt vorzunehmen. Aber es ist nie zu früh, über Kriterien für Öffnungen nachzudenken. Alles andere wäre ein obrigkeitsstaatliches Denken, das bei uns nicht verfangen sollte und mit dem man das so notwendige Vertrauen der Bevölkerung nicht stärken würde. (…) Wir müssen weg von einem Alles-oder-nichts-Denken und -Handeln. Je länger die Krise dauert, je mehr Stimmen dürfen, ja müssen gehört werden. Wir sollten keine Angst haben, viele Menschen mit unterschiedlichen Kompetenzen, aber auch legitimen Interessen zu Wort kommen zu lassen."[42]

Eine solch mutige Stimme ist die des Hamburger Pathologen Prof. *Klaus Püschel*, Leiter des gerichtsmedizinischen Instituts am Universitätsklinikum Hamburg-Eppendorf. Er hat am 2. April im Hamburger Abendblatt von seinen Untersuchungen erzählt, die er nach dem Tod der dort an mit der Diagnose COVID 19 Verstorbenen, durchgeführt hat. Er hätte keinen einzigen Fall gehabt, der nicht durch schwere Vorerkrankungen belastet gewesen sei. Daher

---

[42] www.ethikrat.org/fileadmin/PDF-Dateien/Pressekonferenzen/pk-2020-04-07-dabrock-augsberg.pdf

kritisiert er das Robert Koch Institut schwer, dass die Obduktion der sogenannten Corona-Toten aus hygienischen Gründen wegen mutmaßlicher Ansteckungsgefahr nicht empfiehlt. Man müsste doch von den Toten für die Lebenden lernen. Es würde sich dann seiner Einschätzung nach herausstellen, dass es sich um typische Todesereignisse im hohen Alter gehandelt hätte, wie sie in jeder Grippesaison vorkommen. Auch bei den wenigen bekannten Einzelfällen, die im jüngeren Alter verstorben seien, hätte man untersuchen müssen, was bei ihnen zum Tod geführt hätte.

Als ich das alles las, dachte ich an Rudolf Steiners Forderung nach einer Demokratisierung des Gesundheitswesens – besser könnte man diese Forderung in der jetzigen Krise nicht neuerlich anmahnen. Und gegenüber der Angst vor dem jetzt überall in Erprobung begriffenen digitalen Überwachungsstaat möchte ich *Joseph Weizenbaum*, Professor am Massachusetts Institute of Technology/MIT, zitieren. Er war ja im 20. Jahrhundert einer der einflussreichsten und innovativsten Mitentwickler dieser Technologie in den USA. In einem Interview im Orwell-Jahr 1984 sagte er auf die Frage, ob der totale Überwachungsstaat kommen wird:

„Natürlich, darauf wird ja konsequent hingearbeitet. Aber wenn er wirklich kommt, dieser Staat, dann ist er viel eher eine Folge davon, dass die Menschen ihre Freiheit nicht mehr verteidigen, als dass der Computer die Schuld daran trüge." [43]

Er nennt dann das Stalin- und Hitler-Regime als Beispiele, wie die Totalüberwachung auch ohne Computer möglich ist, und wie sehr eine gedeihliche Zukunft der Menschheit davon abhängt, dass sich Moralität und Mitmenschlichkeit entwickeln. Dies aber ist die wichtigste Herausforderung an das Erziehungssystem der Zukunft.

---

[43] Joseph Weizenbaum, *Kurs auf den Eisberg. Die Verantwortung des Einzelnen und die Diktatur der Technik*, München 1987, S. 104

Wer meint, dass dies durch die Digitalisierung die entscheidende Förderung erfährt, liegt sicher nicht richtig. Moralität kann man nicht lehren – ebenso wenig wie Wertebewusstsein. Sie können nicht über eine App heruntergeladen werden. Sie können sich nur im konkreten Umgang mit Menschen entwickeln. Dafür braucht es reale Menschen, die das vorleben können und mit Kindern und Jugendlichen verbindlich zusammenleben und arbeiten. [44]

Und so kann es einem Mut machen zu sehen, wieviel Positives und Fürsorgliches jetzt in der Corona-Krise neben aller Angst und Sorge auch entstanden ist und weiter entsteht. Viele Menschen sagen und schreiben, wie sie wieder begonnen haben, darüber nachzudenken und zu sprechen, was eigentlich wirklich wichtig ist und echte Freude macht. Es wird für viele deutlicher und erscheint plötzlich wie selbstverständlich, dass es die realen menschlichen Beziehungen sind, auf die es ankommt und die Arbeit daran, sie weiterzuentwickeln und immer noch „menschlicher" werden zu lassen. Es ist aber auch zu hoffen, dass im Rahmen der Aufarbeitung dieser Krise – insbesondere wirtschaftlich, sozial und mit Bezug auf das Gesundheitswesen – andere Gedanken wegleitend werden als es die vor der Krise herrschenden waren.

Doch noch stecken wir mittendrin und erleben, in welchem Ausmaß unser Wohlbefinden davon abhängt, wie wir über uns und die Lage denken.

Wie wird es nach Corona weitergehen?

Von Albert Einstein stammt das berühmte Zitat: „Die reinste Form des Wahnsinns ist es, alles beim Alten zu

---

[44] Siehe die Petition der europäischen Allianz ELIANT und des „Bündnis für humane Bildung" unter www.eliant.eu .

lassen und gleichzeitig zu hoffen, dass sich etwas ändert."
Irgendwie spüren doch die meisten Menschen schon seit Jahren, dass es einen grundlegenden Kulturwandel braucht: in der Art wie gewirtschaftet wird – wann werden die Grenzen des Wachstums auf unserer begrenzten Erde ernst genommen? Irgendwann ist auch der letzte Urwald abgeholzt, sind die größten Bodenflächen durch die Überdüngung nachhaltig geschädigt bis hin zur Unfruchtbarkeit, und die Klimakrise ist nicht mehr auf zu halten.

Dafür können sich aber in smartem Zuhause unsere Küchengeräte untereinander verständigen, *Alexa* und ähnliche elektronische Helferlein schalten sich in die Routine-Hausarbeit ein und kommunizieren mit den Anbietern im Internet. Man muss nicht mehr selbst die Haustür aufschließen, beim Eintreten ertönt die Lieblingsmusik, man muss nur noch wenige Stunden arbeiten, kann sich alles selber einteilen und das eigene Heim wird zur Welt, in dem ständig alle Informationen abrufbar sind. Dafür sind die Arbeitslosenzahlen weiter gestiegen, dass Massenelend in den Kriegs- und Krisenregionen hat zugenommen. Selbst wenn das bedingungslose Grundeinkommen kommen würde – das Geld dazu ist vorhanden, es müsste nur etwas umverteilt werden – es würde dann dadurch zwar genügend Konsumkompetenz sichergestellt, um die Wirtschaft am Laufen zu halten; wenn sich jedoch die Art des Denkens und Wirtschaftens nicht grundlegend ändern würde, würde sich genau die Entwicklung weiter fortsetzen, die uns jetzt in diese Krise herein geführt hat.

Großartige Bücher sind seit den bahnbrechenden Publikationen von *Rachel Carson*, „Der stumme Frühling" und des Club of Rome, „Die Grenzen des Wachstums" erschienen. Ganz zu schweigen von Rudolf Steiners Vorschlägen, die er schon nach dem 1. Weltkrieg machte:

- Für ein Wirtschaftsleben, das assoziativ strukturiert ist, in dem alle Beteiligten an der Wertschöpfungskette bis hin zum Verkauf mit den Konsumenten zusammensitzen und sich über nachhaltige Herstellung, adäquate Arbeitsbedingungen und akzeptable Preise so verständigen, dass für alle Beteiligten etwas Zufriedenstellendes dabei herauskommt. Das bedeutet aber mit Sicherheit mehr Qualität und weniger Konsum. Es wäre ein Weg der die Wachstumsideologie ersetzt durch ein ökologisch orientiertes Denken in Kreisläufen und Wechselbeziehungen, das dem Leben von Mensch, Natur und Erde auch langfristig gerecht wird.

- Für ein eigenständiges freies Kulturleben – Schulen, Bildungseinrichtungen, Universitäten, künstlerische Tätigkeiten – das sich unabhängig von Bildungsplänen entwickeln kann und dessen Finanzierung nicht an Einflussnahme gekoppelt ist, weil eben Freiheit und Selbstbestimmung wichtigste Bildungsziele sind.

- Für ein Rechtsleben, in dem die Politik die Gesetze und Rahmenbedingungen schafft, so dass Wirtschafts- und Kulturleben mit dem gesellschaftlichen Leben harmonieren können."[45]

Wie gut, dass *Ernst Ulrich von Weizsäcker* und *Anders Wijkman* das Buch geschrieben haben „Wir sind dran".[46] Dieser Band wurde zusammen mit 33 weiteren Mitgliedern des Club of Rome erstellt für dessen 50-jähriges

---

[45] Vgl. Rudolf Steiner, *Die Kernpunkte der sozialen Frage*, GA 23, Dornach 1976

[46] *Wir sind dran: Was wir ändern müssen, wenn wir bleiben wollen - Club of Rome: Der große Bericht*, München 2019.

Bestehen 2018. Wenn nur ein Bruchteil der in Staat und Wirtschaft Verantwortlichen so ein Buch lesen und es ernst nehmen würden, hätte die Menschheit beste Chancen! Denn was lehrt uns die Krise? Was lehrt uns die Virusforschung? Wie alles mit allem zusammenhängt! Wie wir Menschen ein Teil des Ökosystems sind und unser Leben Teil des Lebens auf unserem Planeten ist.

Wir brauchen die Arbeit an einem integrativen Menschen- und Gesellschaftsverständnis, das auch die geistige Seite des Daseins mitumfasst. Es braucht auch eine säkulare Spiritualität, die sich auf das Denken als Brücke zwischen der Sinnes- und Geisteswelt stützt und von da aus ihren Betrag zur Kulturentwicklung der Menschheit leistet. Dazu kann die Anthroposophie mit ihren ganzheitlichen Kulturinitiativen nicht nur auf den bisher schon relativ bekannten Gebieten der Medizin, Pädagogik und Landwirtschaft beitragen, sondern auch vermehrt auf sozialem und wirtschaftlichen Felde, wie es Pioniere wie der Begründer der dm-Drogeriemarktkette *Götz Werner* oder der Träger des alternativen Nobelpreises *Ibrahim Abuleish* für seine SEKEM-Kulturinitiative in Ägypten gezeigt haben.

ANDREAS NEIDER

VERSUCH EINER SYMPTOMATOLOGIE DER WELTWEITEN COVID-19

> „Probleme kann man niemals
> mit derselben Denkweise lösen,
> durch die sie entstanden sind."
>
> *A. Einstein*

Was sagen uns die Pandemien des 20. und 21. Jahrhunderts?

Die gegenwärtige Corona-Virus-Pandemie ist nicht die erste dieser Art. Es hat im 20. Jahrhundert bereits mehrere solcher, die Atemwege betreffenden Pandemien gegeben, die aufgrund der damals noch wenig entwickelten hygienischen und medizinischen Verhältnisse viel dramatischere Folgen hatten als die jetzige Pandemie: die sogenannte „Spanische Grippe" zwischen 1918 und 1920, die „Asiatische Grippe" 1957, die „Hongkong-Grippe 1968.[47] Während die genannten asiatischen Grippe-Pandemien ihren Ausgangspunkt jeweils in China hatten, wurde die „Spanische Grippe" von amerikanischen Soldaten im Ersten Weltkrieg übertragen und nach Europa gebracht.[48]

Im 21. Jahrhundert gab es gleich zu Beginn, nämlich 2002/03 eine weitere Pandemie, vor allem in China, Hongkong und Taiwan, die der jetzigen Corona-die der die der aktuellen Pandemie dadurch ähnlich war, dass sie

---

[47] Die „Spanische Grippe" forderte zwischen 25 und 50 Millionen Tote, also weitaus mehr Opfer als der gesamte Erste Weltkrieg. Die Asiatische Grippe von 1957: 2 Millionen Opfer, die Hongkong-Grippe 1968: 1 Million Opfer.

[48] Vgl. zur Geschichte der „Spanischen Grippe" Laura Spinney, *1918 – Die Welt im Fieber. Wie die Spanische Grippe die Gesellschaft veränderte*, München 2018.

ebenfalls von einem Corona-Virus ausgelöst wurde, dem sogenannten SARS-Corona Virus.[49]

Doch nicht erst seit dem 20. Jahrhundert, auch in früheren Zeiten wurde die Menschheit immer wieder das Opfer tödlich verlaufender Epidemien und Pandemien[50]. Weithin bekannt ist zum Beispiel die mittelalterliche Pestepidemie, die im 14. Jahrhundert vor allem in Norditalien und in Südfrankreich gewütet und ein Drittel der damaligen Bevölkerung Europas hinweggerafft hat.[51]

Für alle diese Epidemien gilt, dass sie deshalb so tödlich wirken konnten, weil es zunächst keinerlei Heilmittel gegen sie gab, weder einen Impfstoff noch ein anderes Medikament. Typisch für die Pandemien des 20. und 21. Jahrhunderts ist, dass sie, mit Ausnahme der HIV-Erkrankung, alle eine Erkrankung des Atemsystems und insbesondere der Lunge zur Folge haben, die dann die eigentliche Todesursache darstellt.

Die Lunge ist das Organ im Menschen, durch das er am stärksten mit seiner Umgebung verbunden ist. Durch die Luft sind wir auch als Menschen untereinander am stärksten verbunden. Wenn sich 50 Menschen in einem geschlossenen Raum befinden, dann atmen sie alle dieselbe Luft um sich herum. Das heißt aber, dass ein jeder die Luft, die noch zuvor sein unmittelbarer Nachbar in seiner Lunge gehabt hat, ebenfalls in seine Lunge

---

[49] SARS bedeutet schweres akutes Atemwegs-Syndrom. Bei dieser Pandemie erkrankten allerdings nur etwa 8000 Menschen, 774 Menschen starben, vor allem in China, Hongkong und Taiwan.

[50] Als Epidemie wird eine sich stark ausbreitende Krankheit innerhalb eines Landes bezeichnet, als Pandemie eine Erkrankung, die sich weltweit über die ganze Menschheit ausbreitet.

[51] Die mittelalterliche Pest ist vor allem durch das Novellenwerk *Il Decamerone* des italienischen Dichters *Giovanni Boccaccio* gut dokumentiert. Sie forderte 25 Millionen Todesopfer, ein Drittel der damaligen europäischen Bevölkerung.

aufnimmt, wodurch die Luft tatsächlich auch verbraucht wird. Deshalb muss nach einer gewissen Zeit in einen solchen Raum auch wieder frische Luft hinein gelassen werden, weil die Menschen sonst auf Dauer ersticken würden. Insofern sind wir Menschen über unseren Atem viel tiefer miteinander verbunden, als wir das für gewöhnlich wahrnehmen.

Bei den aktuellen Pandemien haben wir es also jeweils mit einer Erkrankung des Atmungssystems, insbesondere der Lunge zu tun.[52] Das heißt aber, wenn wir diese Erkrankungen als ein Symptom betrachten, dass seit dem Beginn des 20. Jahrhunderts irgendetwas mit der Beziehung des Menschen zu seiner Umgebung, insbesondere aber zu seinen Mitmenschen gestört sein muss – und zwar nicht nur bei einzelnen Menschen in irgendeiner fernen Weltgegend, sondern mehr oder weniger weltweit.

Bevor wir nun im Einzelnen auf den Verlauf der gegenwärtigen Corona-Krise eingehen, noch eine Vorbemerkung: Durch die nachfolgende symptomatologische Betrachtung sollte aufgrund der eingenommenen Perspektive auf das Gesamtgeschehen und die weltweiten Auswirkungen der Corona-Krise die Empathie mit den ungezählten einzelnen Menschen nicht nachlassen, die sowohl in gesundheitlicher wie in sozialer und wirtschaftlicher Hinsicht Opfer der COVID-19 geworden sind und immer mehr werden. Meine Ausführungen haben das Ziel, das Verständnis für den Gesamtzusammenhang des Phänomens einer in dieser Form bisher nicht dagewesenen Menschheitskrise zu fördern. Sie sollen helfen, diese Krise als eine Aufforderung zu einer weltweit notwendigen Veränderung zu begreifen, zu der jeder Einzelne wiederum Entscheidendes beitragen kann. In welcher

---

[52] Siehe zum medizinischen Verständnis der Corona-Erkrankung den obigen Beitrag von *Michaela Glöckler*.

Weise und mit welchen Mitteln, das werden die nachfolgenden Ausführungen hoffentlich deutlich machen.

Der Ausbruch der Corona-Krise in China und ihre weltweite Verbreitung

Die Geschichte des Ausbruchs der COVID-19 in der Provinz Hubei in China ist weitläufig bekannt, und Michaela Glöckler ist auf den genauen Verlauf des Ausbruchs dieser Pandemie in ihrem Beitrag bereits ausführlich eingegangen. Dabei ist jedoch leider zu vermuten, dass wir aufgrund der totalitären Strukturen des chinesischen Staatsapparates nicht davon ausgehen können, dass die offiziell verbreiteten Nachrichten und Zahlen tatsächlich mit der Realität übereinstimmen – weder die Zahlen der offiziell als infiziert Gemeldeten noch die Zahlen der Verstorbenen[53]. Es ist außerdem bekannt, dass die chinesischen Behörden seit der Entdeckung der ersten Erkrankungen im Dezember 2019 in Wuhan, der Hauptstadt der Provinz Hubei, in der insgesamt 58 Millionen Menschen leben, sehr lange gezögert haben, diese Fälle als Beginn einer neuen Epidemie durch ein bis dahin unbekanntes Virus anzuerkennen. Vielmehr wurde der Arzt *Li Wenliang*, der die Erkrankung von sieben Patienten an dem bisher unbekannten Corona-Virus am 30. Dezember in Wuhan bekannt gab, sofort festgenommen und mundtot gemacht. Erst im März 2020, nachdem der Arzt bereits Anfang Februar an dem Virus gestorben war, gab die

---

[53] Am 21. März 2020 wurden offiziell etwa 81.000 Infizierte und etwa 3100 Verstobene für ganz China gemeldet. Diese Zahlen, die für Wuhan später zwar korrigiert wurden, dennoch aber fragwürdig bleiben, müssen aufgrund der stark verzögerten Bekämpfung der Epidemie sowohl in der Provinz Hubei wie im ganzen Land in Frage gestellt werden. Wir folgen hier vor allem der chinakritischen Onlinezeitung *Epoch Times*, die seit 2002 von chinesischen Dissidenten in den USA betrieben wird: www.epochtimes.de.

Parteiführung in Peking zu, einen Fehler begangen zu haben und entschuldigte sich offiziell bei seiner Familie.

Auch der eigentliche Entstehungsherd des Virus ist bislang immer noch nicht völlig identifiziert worden. So deuten viele Anzeichen daraufhin, dass der Virus von Wildtieren, die auf einem Tiermarkt in Wuhan verkauft wurden, auf den Menschen übergesprungen ist. Es gab jedoch zu Beginn bereits einige Fälle, die mit diesem Tiermarkt in keinerlei Verbindung gestanden hatten. Auch ist unklar, von welcher Tierart der Virus übertragen worden sein soll. Auch dazu gibt es verschiedene Theorien, von denen bislang keine wissenschaftlich erhärtet werden konnte. Sicher ist jedoch, dass in China auch heute noch teils lebende Tiere, teils unmittelbar vor dem Verzehr getötete Tiere gegessen werden, wobei die hygienischen Verhältnisse unzureichend sind.

Steht also am Ursprung dieser Pandemie eine schwer gestörte Beziehung des Menschen zur Tierwelt, und spielt diese möglicherweise eine viel größere Rolle, als das bisher vermutet wurde? Denn diese gestörte Beziehung zur Tierwelt ist ja nicht auf China beschränkt. Weltweit werden Tiere unter unwürdigsten Bedingungen gehalten, gequält und getötet, um dann vom Mensch verzehrt zu werden. Zu denken ist dabei etwa an das qualvolle Mästen von Gänsen in Frankreich, um die sogenannte „Foie gras", die Fettleber der Gänse in Form von Pasteten verspeisen zu können, ebenso das Töten von Singvögeln in Italien, die dort verbotener Weise immer noch als Delikatesse angeboten werden. Ganz zu schweigen von den unseligen Formen der Schweine-, der Hühner- und der Rinderhaltung in fast allen Ländern der westlichen Welt – und natürlich den nach wie vor zahllosen Tierversuchen der Pharmaindustrie, die grausamsten Qualen für die Versuchstiere mit sich bringen.

Aufgrund der stark verzögerten Erkennung der COVID-

19 von staatlicher Seite setzten die bei einer Epidemie notwendigen hygienisch-medizinischen Maßnahmen, die in China seit der SARS-Epidemie von 2002/03 ja längst bekannt waren, erst im Februar 2020 wirklich ein, zu einem Zeitpunkt, zu dem es viel zu spät war, ihre weitere Ausbreitung noch zu verhindern. Umso härter und brutaler wurden dann jedoch die Quarantäne-Maßnahmen, die Errichtung von zusätzlichen Krankenhäusern, um die zahllosen Erkrankten noch behandeln zu können, in einer für das chinesische-kommunistische Regime typischen durchgreifenden Weise vollzogen.[54]

Entscheidend ist, dass man im Falle von China nicht damit beginnt, wie es US-Präsident *Trump* unlängst getan

---

[54] Wenn man sich die im 20.Jahrhundert von der kommunistischen Partei Chinas begangenen Verbrechen, insbesondere die unter dem Namen des „Großen Sprungs nach vorn" bekannt gewordene, durch Mao-Tse-Tungs Wahnsinnspolitik verschuldete Hungerkatastrophe Ende der 50er und Anfang der 60er Jahre sowie die sich daran anschließende sogenannte „Kulturrevolution" anschaut und dabei bemerkt, dass Mao bis heute in China durch zahlreiche Statuen und Denkmäler geehrt wird, so wird daran deutlich, dass auch das heutige Regime der kommunistischen Partei noch immer nicht von den menschenverachtenden Methoden des 20. Jahrhunderts befreit ist. Siehe dazu die dreibändige Dokumentation des englischen Historikers Frank Dikötter, *The People's Trilogy: Bd. 1 The Tragedy of Liberation, Bd. 2 Mao's great famine, Bd. 3 The cultural Revolution*, London 2017. Auf Deutsch ist nur der zweite Band unter dem Titel, *Maos Großer Hunger – Massenmord und Menschenexperiment in China*, Stuttgart 2014, erschienen.

Auch in China selbst wurden die unverarbeitete Vergangenheit und ihr Fortwirken in der kommunistischen Politik der Gegenwart von einigen Intellektuellen sehr kritisch bewertet. Siehe dazu z.B. die zahlreichen, zum Teil auch auf Deutsch erhältlichen, satirisch-dystopischen Romane des in China lebenden Regimekritikers *Yan Lianke;* ebenso die Bücher des nach dem Tian´anmen-Massaker 1989 inhaftierten, heute in Berlin lebenden und mit dem Friedenspreis des Deutschen Buchhandels ausgezeichneten Schriftstellers *Liao Yiwu* oder auch die Romane des in London im Exil lebenden *Ma Jian*, die allesamt ein sehr kritisches Bild der heutigen von der KP Chinas diktierten Lebensverhältnisse zeichnen.

hat, von einem China- oder gar einem Chinesen-Virus zu sprechen. Denn viele Chinesen leiden massiv unter den beschriebenen Maßnahmen des kommunistischen und totalitaristischen Regimes, ohne sich dagegen zur Wehr setzen zu können. Auch wenn es genügend Anhänger des Parteiregimes gibt, die von der heutigen Doktrin der Partei und *Xi Jinpings* Doktrin fest überzeugt sind – die Unterdrückung anders denkender und oppositioneller Kräfte mit den entsprechenden Organen der Geheimpolizei, des Militärs und vor allem der allgegenwärtigen Totalüberwachung jedes einzelnen Bürgers darf nicht unterschätzt werden.

Wenden wir uns nun aber den übrigen Ländern, vor allem der westlichen Welt zu, die seit Februar 2020 nun ebenfalls von der Corona-Virus-Erkrankung erfasst wurden. Hier zeigt sich an den von der Johns Hopkins-Universität permanent verbreiteten Daten[55], auf die wir weiter unten noch zu sprechen kommen werden, vor allem eines: der Zustand des jeweiligen nationalen Gesundheitssystems und die Altersstruktur der jeweiligen Bevölkerung sowie ein auf Grundlage einseitig erhobener statistischer Daten reagierendes virologisches Denken. Denn es ist klar, dass dort am meisten Menschen sterben, wo es besonders viele alte und kranke Menschen gibt, und wo deren Gesundheitsversorgung aufgrund mangelnder Ausrüstung mit Personal und Medizintechnik am meisten gefährdet ist.

Daher sollte man davon absehen, die nationalen Eigentümlichkeiten, die jetzt in den verschiedenen Regionen der Erde in Erscheinung treten, ob in Italien, in England oder in den USA, zu nutzen, um sich von der einen oder anderen Maßnahme schuldzuweisend zu distanzieren oder diese Maßnahmen abschätzig zu vergleichen.

---

[55] https://coronavirus.jhu.edu/map.html.

Nehmen wir zum Beispiel Italien: Die alten und sehr betagten Italiener leben überwiegend in ihrem Familienzusammenhang, weil sie dort sowohl gut versorgt werden können als sich auch persönlich gut aufgehoben fühlen. Und warum sind sie so alt geworden? Eben deshalb! Hätte man sie frühzeitig in ein Heim gesteckt und isoliert, wie in anderen Ländern, nun, dann wären die meisten von ihnen vermutlich längst gestorben.

Alte Menschen haben wie andere Menschen auch einen Überlebenswillen und eine gesundheitliche Kraft, die abhängig ist von ihrem sozialen Umfeld, von guten Beziehungen und von eigenen geistig-religiösen Überzeugungen. Geht das soziale Umfeld, gehen die Beziehungen verloren, dann ist die Gefahr, an irgendetwas zu erkranken viel höher als eben in einem harmonischen und gesunden Umfeld. Weil die viele Italiener ihre alten Leute nicht in Heimen untergebracht haben wie in anderen Ländern, leben eben dort so viele alte Menschen wie sonst nirgendwo in Europa. Gegen das Virus schützt natürlich auch die Familie nicht, sie ermöglicht dennoch, in vielen Fällen ein würdigeres Sterben als in einer von vorneherein isolierten Heim- oder Pflegesituation.

Sich also über den beklagenswerten Zustand der gesundheitlichen Versorgung in Italien, Spanien, England oder den USA aufzuregen, wo die Verhältnisse jeweils wiederum andere sind, wie es in vielen Kommentaren der Zeitungsjournalisten immer wieder zu lesen war, hilft niemandem. Es gilt für die weiniger betroffenen Länder doch eher darum, sofern möglich, grenzübergreifende Hilfe anzubieten, wie es unlängst der Baden-Württembergische MP *Kretschmann* der besonders betroffenen Region im französischen Elsass angeboten hat.

Offensichtlich ist aber, dass die Abschottung der einzelnen Staaten untereinander, die massive Einschränkung des internationalen Reiseverkehrs usw. besonders dort zu

Sofortmaßnahmen geführt hat, wo der Isolationismus auch vorher schon angesagt war, in den USA, Österreich und Ungarn. Der Ruf nach Schließung der EU-Grenzen gegenüber den Emigranten ist ja in der EU schon seit Längerem dort am lautesten gewesen, wo sich rechtsnationale Kreise an der Macht befinden. Ebenso ist es in den USA, wo Präsident Trump ohne jegliche Rücksprache mit den Europäern die Grenzen frühzeitig dicht gemacht hat.

Insofern stellt die Corona-Krise auch die internationale Staatengemeinschaft auf eine harte Probe, ob sie trotz der jetzigen Restriktionen im Anschluss an diese Krise in der Lage sein wird, ihre überstaatlichen Beziehungen, vor allem auch in den Fragen des Klimaschutzes aufrecht zu erhalten und weiter auszubauen. Die Gefahr einer Renationalisierung zugunsten nationaler und lokaler Einzelinteressen ist jedoch aufgrund des jetzigen Verhaltens einzelner Staaten leider nicht auszuschließen.

Zu den negativen Schattenseiten dieser Krise gehört dabei auch der Krieg um die begehrten Atemmasken und medizinische Schutzkleidung sowie Corona-Tests. Denn indem sich die reichen Staaten der EU und die USA gegenseitig mit einem Preiskrieg und zum Teil pirateriartigen Hamsterkäufen bei den chinesischen Lieferanten eingedeckt haben, kommen die übrigen Staaten der Dritten Welt auch hier wieder einmal zu kurz und müssen zusehen, wie sie ihren Mindestbedarf decken können. Weil die reichen Länder den Markt für medizinische Hilfsmaterialien leer gekauft haben, wird die ohnehin schon schwache medizinische Infrastruktur dieser Länder damit nun zusätzlich auf eine harte Probe gestellt.[56]

Außerdem werden die Volkswirtschaften dieser armen Länder auch von den Folgen der Corona-Krise am härtesten betroffen sein, denn in diesen Ländern gibt es

---

[56] Laut einem Bericht der *New York Times* vom 9. April 2020.

weder ein Kurzarbeitergeld noch eine Sozialversicherung noch einen EU-Rettungsschirm.

Und natürlich haben sie Superreichen dieser Welt für eine Krise wie die jetzige bereits vorgesorgt und sich Luxus-Bunker mit Vorräten und Einrichtungen zum Überleben für mehrere Jahre in besonders abgelegenen Gegenden dieser Erde errichtet.[57] Diese sogenannten „Prepper", zu denen im Übrigen schon seit längerer Zeit auch die rechtsextremistische Szene in Deutschland gehört, praktizieren die Selbstisolation als Teil ihres Lebensstils in einer Form, die die Corona-Krise geradezu symptomatisch-grotesk illustriert.

Exekutives Handeln allein aus epidemiologischer Sicht als Teil der Symptomatik

In diesem Zusammenhang zeigt sich nun aber die Problematik der durch die vom Johns-Hopkins-Center for Health Security und die WHO verbreiteten Länderstatistiken, in der inzwischen die USA, Italien und Spanien an die Spitze gerückt sind. Einerseits erscheint China durch diese Statistiken nun nicht mehr als der Hauptherd der Seuche. Ob gewollt oder ungewollt rückt China damit in ein immer besseres Licht, obwohl die chinesische Parteiführung durch ihre Verschleppungstaktik mitverantwortlich für den Ausbruch der Pandemie gewesen ist. Dabei passt es auch ins Bild, dass die WHO ihrerseits das Verhalten Chinas nicht nur gebilligt und unterstützt, sondern explizit vor aller Öffentlichkeit gelobt und als vorbildlich weiter empfohlen hat.[58]

---

[57] Siehe dazu einen Bericht der Monatszeitschrift *The New Yorker* vom 30. Januar 2017.
[58] So hat ein ranghoher Mitarbeiter der WHO etwa in der *New York Times* vom 9. März 2020 einen Bericht veröffentlicht, in dem er die Maßnahmen der chinesischen Regierung ausdrücklich lobte. Der

Auffällig ist auch, dass die WHO nicht nur zu China in einer fragwürdigen Weise in Verbindung steht, sondern auch zur *Bill Gates-Stiftung*, die oben ja bereits erwähnt wurde. Die Wochenzeitung *Die Zeit* schrieb bereits 2017 in ihrer Analyse eines Films über diesen Zusammenhang:

„(Es) sind die Verwicklungen zwischen Konzernen und der WHO, die den Film spannend machen (…). Etwa als David McCoy, einer der führenden Experten im Bereich Weltgesundheit, zu Wort kommt: Die Agenda der WHO werde immer mehr von privaten Spendern bestimmt, vor allem von Bill Gates. Würde die Gates Foundation aufhören, jährlich Millionen US-Dollar nach Genf zu schicken, würde die WHO womöglich in sich zusammenfallen. Entsprechend großen Einfluss habe der Milliardär auf das inhaltliche Programm.

Der Sprecher der Stiftung streitet im Film jegliche Einflussnahme ab. Aber de facto gibt es (…) zwischen der WHO und der Gates Foundation personelle Überschneidungen. Und die WHO konzentriert sich in der Tat auffällig stark auf das, was Bill Gates sich wünscht: impfen zum Beispiel."[59]

Die Motive von Bill Gates liegen eindeutig in der Linie der transhumanistischen Ideale, auf die wir noch genauer eingehen werden. Die Bill-Gates-Stiftung finanziert jedenfalls nicht nur die WHO in beträchtlichem Umfang, sondern auch das Johns-Hopkins-Institut, dessen weltweit verbreitete Statistiken im Verlauf der Corona-Krise im Moment einen riesigen, nicht zu unterschätzenden

---

Generaldirektor der WHO, *Tedros Adhanom*, betonte in einem Treffen mit Chinas KP Chef Xi Jinping im Februar 2020 außerdem, wie sehr die WHO die Transparenz und das Engagement der chinesischen Führung zu schätzen wisse. Adhanom stammt aus Äthiopien, das in Chinas „One belt – one road" Projekt durch massiv verstärkte Investitionen in die Infrastruktur des bislang unterentwickelten Landes an der afrikanischen Westküste eine wichtige Rolle spielt. Vgl. dazu den Bericht der Epoch Times vom 13. 3. 2020: *Gefährlicher Weltbetrug – Corona Virus, Kommunistische Partei und eine korrupte WHO* unter www.epochtimes.de/china.

[59] https://www.zeit.de/wissen/gesundheit/2017-03/who-unabhaengigkeit-bill-gates-film.

Einfluss vor allem auf die Politik in den meisten Ländern Europas, vor allem aber in Amerika haben. Außerdem werden aber sowohl in Deutschland wie in England wie vermutlich auch noch in anderen Staaten ausgerechnet die epidemiologischen Forschungseinrichtungen von Bill Gates unterstützt, die jetzt in der Corona-Krise die offizielle Deutungshoheit über den Verlauf der COVID-19 beanspruchen und dadurch den größten Einfluss auf die Politik haben.[60]

Die von diesen Instituten verbreiteten Statistiken und Modellrechnungen besagen jedoch im Zweifelsfalle gar nichts über die realen und qualitativen Zusammenhänge der Corona-Pandemie. Sie zählen zum einen nur die Fälle auf, die tatsächlich registriert worden sind. Von Land zu Land wird aber sehr unterschiedlich getestet, in einem Land zum Beispiel nur dann, wenn ernsthafte Symptome vorliegen, in anderen Ländern, wie etwa in Taiwan oder Singapur wurde jedoch viel umfangreicher getestet, auch dann, wenn noch keine Symptome vorlagen. Gemeldet werden darüber hinaus nur die schwerwiegend Erkrankten, bei allen Fällen, in denen nur leichte bis gar keine Symptome auftreten liegen auch keine Meldungen vor.

Und ähnlich verhält es sich bei den Verstorbenen. In einem Land werden alle Verstorbenen, bei denen das Corona-Virus nachgewiesen wurde, gezählt, in einem anderen Land nur die Verstorbenen, bei denen das Corona-Virus tatsächlich die entscheidende Voraussetzung für die Todesursache war und nicht bereits vorhandenen schwere Vorerkrankungen.

Insbesondere die Statistiken des Johns-Hopkins-Instituts aber erwecken durch den internationalen Vergleich

---

[60] Dazu gehören in Deutschland das RKI und die Berliner Charité, in England das Imperial College in London. Zur Bill Gates-Stiftung siehe weiter unten.

permanent den Eindruck, man habe es hier mit vergleichbaren Zahlen zu tun. Dass dadurch aber das politische Handeln auf nationaler Ebene massiv beeinflusst wurde und wird, steht außer Frage, denn kaum ein Politiker kann die Lage unabhängig von solchen suggestiv wirkenden Statistiken beurteilen.

Hinzu kommen aber die Modellrechnungen mit ihren teilweise erschreckenden Vorhersagen, wie viele Tote es geben wird, wenn das und das nicht getan wird etc. Solche Modellrechnungen beruhen auf zahlreichen Annahmen und Hypothesen, die in diese Rechenspiele eingehen, über die aber die Öffentlichkeit in der Regel nie informiert wird, weil das auch viel zu kompliziert wäre. Entscheidend ist jedoch, dass solche Horrorszenarien, wie sie beispielsweise die Studie des Imperial College in London, aber eben auch das deutsche RKI aufgrund ihrer Simulationen an die Wand gemalt haben, entscheidenden Einfluss auf die Politiker hatten, die daraufhin dann den Lockdown beschlossen haben.[61]

Die Wirksamkeit dieser von der Realität vollkommen abstrahierten Statistiken ist jedoch deshalb so ungeheuer groß, weil fast alle, die sich von diesen Statistiken und Modellrechnungen entscheidend beeinflussen lassen, über

---

[61] Die Modellrechnungen des Imperial College kam für England auf 510.000 Tote ohne Lockdown, für die USA auf 2.2 Millionen Tote. https://www.imperial.ac.uk/media/imperial-college/medicine/mrc-gida/2020-03-16-COVID19-Report-9.pdf. Das RKI machte am 20. März für Deutschland ähnliche Vorhersagen, worauf dann am 23. März der Lockdown erfolgte. https://www.rki.de/DE/Content/InfAZ/N/Neuartiges_Coronavirus/Modellierung_Deutschland.pdf?__blob=publicationFile. Inzwischen ist jedoch deutlich, dass der Lockdown vom 23. März in Deutschland keinerlei Einfluss mehr auf den Reproduktionsfaktor der Seuche hatte, der bereits am 22. März auf R 1 gesunken war. Vgl. dazu den Bericht von *Stefan Homburg* vom 15.4. in *Die Welt*: https://www.welt.de/print/die_welt/finanzen/article207268361/Gastbeitrag-Schweden-Vorbild-fuer-Deutschland.html?cid=socialmedia.email.sharebutton.

keinerlei andere Urteilsgrundlagen verfügen und zwar deshalb, weil niemand von den politisch Verantwortlichen jemals zuvor in einer solch prekären Lage wie der jetzigen gelebt oder gar politische Verantwortung getragen hat.

Das Deutsche Netzwerk Evidenzbasierte Medizin e.V. sagte deshalb zur Verbreitung solcher Statistiken:

„Die Nennung von Fällen ohne Bezugsgrößen ist irreführend, und die Nennung von Rohdaten ohne Bezug zu anderen Todesursachen führt zur Überschätzung des Risikos. Die Angaben zu den Todesfällen durch COVID-19 sollten daher entweder die täglich oder wöchentlich verstorbenen Personen mit Angabe der Gesamttodesfälle in Deutschland berichten. Auch ein Bezug zu Todesfällen durch andere akute respiratorische Infektionen wäre angemessen."[62]

Der hohe Abstraktionsgrad der Statistiken, vor allem im Vergleich verschiedener Regionen miteinander, und der enorme hohe Einfluss der Epidemiologen auf die Politik hat jedoch dazu geführt, dass andere Wissenschaftler und Kulturträger erst gar nicht befragt oder zur Rate gezogen wurden. Es ergibt sich daraus von politischer Seite zwangsweise eine Art von „Tunnelblick", der sowohl für die medizinische wie für die gesellschaftliche Gesamtsituation fatale Folgen haben kann.

Denn wenn Kriterien wie die sozialen, kulturellen und wirtschaftlichen Auswirkungen der Isolationsmaßnahmen, die ja in vielen Ländern noch sehr viel einschneidender als in Deutschland gehandhabt wurden, eben nicht mehr berücksichtigt werden, dann können auch die entsprechenden sozialen, kulturellen und wirtschaftlichen Folgen nicht mehr in Betracht gezogen werden. Daraus aber ergibt sich zwischenzeitlich das Gebilde eines

---

[62] Aus einem Artikel von Dr. Ellis Huber vom 25.3.2020, *Das Virus, die Menschen und das Leben*, https://www.urania.de/das-virus-die-menschen-und-das-leben.

zentralistischen Staates, der unter die Herrschaft von Epidemiologen geraten ist.

So wird weder vom Bundesgesundheitsminister noch vom RKI in deutlicher Weise zwischen einer geringfügigen und einer schweren Infektion unterschieden, obwohl es doch auch einem Laien klar sein kann, dass es ein Unterschied ist, ob ich einer niedrigen oder einer hohen initialen Dosis des Virus ausgesetzt bin. Einer hohen initialen Dosis sind zum Beispiel am ehesten die behandelnden Ärzte und Pflegekräfte ausgesetzt, die ständig mit Corona-Infizierten zu tun haben. Eine niedrige initiale Dosis erhält dagegen jemand, der lediglich für kurze Zeit mit einem Infizierten in Kontakt kommt. Entsprechend verläuft die Erkrankung bei niedriger Dosis milde, bei hoher Dosis u.U. jedoch tödlich.[63]

Ebenfalls wird in den Statistiken des RKI und der Johns-Hopkins-University die Fallzahl nicht in Nettozahlen angegeben, das heißt, es werden einfach alle Infizierten fortlaufend akkumuliert, ohne die Zahl der bereits Genesenen davon abzuziehen. So sind etwa in Deutschland am 10.4. 2020 113.000 seit dem 1.3. Infizierte registriert, wovon aber bereits 53.000 bereits wieder genesen sind. D.h. netto sind zu diesem Zeitpunkt nur 60.000 Menschen infiziert. Der Prozentsatz der Verstorbenen wiederum lässt sich anhand der Fallzahlen überhaupt nicht errechnen, weil die Dunkelziffer nicht registrierter Infizierter erheblich höher liegen dürfte als die Zahl der Infizierten.[64]

---

[63] Auf diesen Gesichtspunkt geht ein Artikel des Chemikers und Genetikers *Joshua D. Rabinowitz* in der New York Times vom 1. April 2020 unter dem Titel *These Coronavirus exposures might be dangerous. As with any other poison, viruses are usually deadlier in larger amounts,* ausführlicher ein.

[64] Die Heinsberger Studie von Prof. *Hendrick Streeck* ergab bei 1000 untersuchten repräsentativen Fällen eine Sterblichkeitsrate von 0,37

Berücksichtigt man also diese signifikanten Unterschiede bei der Anzahl der Infizierten nicht, müssen statistisch unsinnige Daten dabei heraus kommen, die aber natürlich bei den verantwortlichen Politikern entsprechende Panik auslösen. Die aus solcher Unschärfe von Daten resultierenden Isolationsmaßnahmen können deshalb im Sinne des angesprochenen „Tunnelblickes" ebenfalls als ein Symptom für eine tiefer liegende Krise angesehen werden und nicht als eine geeignete Maßnahme, um aus dieser Krise wieder heraus zu kommen.

Vor allem aber haben es die Verantwortlichen des RKI gleich zu Beginn versäumt, eine repräsentative Bevölkerungsgruppe sowohl auf die Infektion mit dem Virus zu testen wie auch den Verlauf der Erkrankung zu untersuchen, um anhand dieser Daten festzustellen, welcher tatsächliche Prozentsatz dieser repräsentativen Bevölkerungsgruppe so schwer erkrankt, dass er in ein Krankenhaus und möglicherweise eine Intensivstation eingeliefert werden muss. Erst eine solche auf tatsächlichen Fakten beruhende repräsentative Studie hätte es ermöglicht, einen diesen Fakten angemessenen Maßnahmenkatalog anstelle eines generellen gesellschaftlichen Lockdowns zu verordnen.[65] Dieser könnte allenfalls als ein in einer unmittelbaren Notsituation aufgrund fehlender belastbarerer Daten für kurze Zeit notwendiger exekutiver Akt gerechtfertigt werden, nicht aber über einen längeren Zeitraum von mehreren Monaten.

Prozent, was allerdings immer noch über der Sterblichkeitsrate einer normalen Grippeepidemie liegen würde. Siehe https://www.t-online.de/gesundheit/krankheiten-symptome/id_87680236/coronavirus-pandemie-ergebnisse-der-heinsberg-studie-machen-hoffnung.html.

[65] Darauf hat neben dem Virologen Hendrik Streeck auch der Mathematikdidaktiker *Wolfram Meyerhöfer* hingewiesen. Quelle: *FAZ* vom 1. und 2.4. 2020.

Die ab Mitte März verhängten massiven gesellschaftlichen Isolationsmaßnahmen stellten in den Augen zahlreicher namhafter Kritiker[66] nicht nur eine im Sinne unserer Verfassung und des Infektionsschutzgesetzes rechtlich zu hinterfragende Intervention dar. Sie erscheinen im Sinne unserer Darstellung vor allem im Hinblick auf die sozialen und wirtschaftlichen Folgeschäden, die auch dann noch spürbar sein werden, wenn das Virus seine Bedrohlichkeit längst verloren haben wird, selbst ein Teil der gesamten Erkrankungssymptomatik zu sein.

Grundsätzlich verurteilen kann man sie jedoch deshalb nicht, weil wir es in Deutschland nicht mit einem Land durchgehend gesunder und virusresistenter Menschen zu tun haben, in anderen Ländern wie etwa den USA oder Großbritannien sicherlich noch weniger. Ungesunde Ernährung und andere ungesunde Lebensverhältnisse sind eben einer der Gründe dafür, dass die sogenannte Risikogruppe der Vorerkrankten, Diabetiker, Asthmatiker etc. in Deutschland sehr viel mehr Menschen umfasst, als nur die in Pflegeheimen untergebrachten älteren Menschen. Dazu kommt noch die Angst, die große Bevölkerungsteile vor der Erkrankung an dem Virus erfasst hat – all das sind keine guten Voraussetzungen, um zu sagen: „Wir lockern jetzt mal eben die Beschränkungen wieder auf".

Dennoch täuschen aber die staatlich verordneten Isolations-Maßnahmen darüber hinweg, dass das Infektionsschutzgesetz ausdrücklich an die *Eigenverantwortung* jedes einzelnen Bürgers appelliert.[67] Nicht nur der Staat, *jeder*

---

[66] Vgl. dazu das Morning-Briefing von *Gabor Steingart* am 6. April 2020, in dem *Juli Zeh, Heribert Prantl, Julian Nida-Rümelin, Jakob Augstein* und andere prominente Publizisten ihre Kritik am Corona-Regime der Bundesregierung geäußert haben: https://news.gaborsteingart.com/online.php?u=HvLE3dd4145.
[67] § 1 Abs. 2 IfSG.

Einzelne von uns ist persönlich dafür verantwortlich, sich und andere mit dafür geeigneten Maßnahmen vor einer Infektion zu schützen. Dazu können natürlich seitens der Gesundheitsbehörden Empfehlungen ausgegeben werden.

Diese rechtlich zu hinterfragenden Maßnahmen werden jedoch wiederum vor dem Hintergrund verständlich, dass sich kein Politiker vorwerfen lassen möchte, er habe leichtfertig Menschenleben aufs Spiel gesetzt. Außerdem setzt die im IfSG angesprochene Eigenverantwortung voraus, dass *jeder* Bürger die Gefahrenlage, die bei einem noch unbekannten Virus vorliegt, tatsächlich richtig einschätzen und sein Handeln dementsprechend daran ausrichten kann. Dass das jedoch nicht vorausgesetzt werden kann, ist aufgrund unserer gesellschaftlichen Verhältnisse und auch der in Deutschland starken sozialen Ungleichheiten ebenfalls einsehbar. Dennoch bleiben die Bedenken gegenüber den radikalen Lockdown-Maßnahmen aufgrund der oben bereits erwähnten Problematik des Tunnelblicks der Epidemiologen und der von der eigentlichen Wirklichkeit stark abstrahierenden Statistiken bestehen.[68]

In Deutschland wie in vielen anderen Ländern, vor allem in den USA hat man sich ebenfalls verständlicherweise sehr schnell auf die wirtschaftlichen Folgen konzentriert und versucht, durch entsprechende Geldreserven und zusätzliche Schulden, den wirtschaftlichen Schaden möglichst gering zu halten. Dabei sollte jedoch bei den wirtschaftlichen Folgen zum einen nicht übersehen werden, dass eine der Hauptursachen für die jetzigen Engpässe und die Panik im Gesundheitswesen, insbesondere in den USA, Italien und Spanien die extremen

---

[68] Vgl. dazu vor allem die Webseite eines Schweizer Arztes, der über diese Problematik umfassend aufklärt: https://swprs.org/covid-19-hinweis-ii/#latest.

Einsparmaßnahmen in eben diesem Gesundheitswesen vor allem nach der Finanz- und Wirtschaftskrise von 2008 gewesen sind.

Zum anderen aber sollte daran gedacht werden, dass sich Gesundheit, auch die Gesundheit der Bevölkerung eines ganzen Landes nicht mit Geld erkaufen lässt! Finanzielle Maßnahmen können das dringend erforderliche neue Verhältnis zur Gesundheit nicht ersetzen! Denn zur Gesundheit gehören, wie oben in dem Beitrag von Michaela Glöckler gezeigt wurde, sowohl psychisch-soziale wie auch geistig-kulturell Aspekte und eben nicht nur ein Impfstoff, auf den jetzt natürlich besonders hohe Erwartungen, aber natürlich auch besonders viel Geld gesetzt wird.

Dr. Ellis Huber, der Vorsitzende des Berufsverbandes deutscher Präventologen und langjähriger Präsident der deutschen Ärztekammer hat deshalb in seinem Artikel vom 25.3.2020 zum Corona-Virus geschrieben:

„Ein gravierendes Problem allerdings bleibt: *Robert Koch*, der Namensgeber des RKI, sagte bei seinem Nobelpreis-Vortrag zum Beziehungsverhältnis von Krankheitserreger und Menschen: ‚Das Bakterium ist nichts, der Wirt ist alles.' Der Arzt und Infektiologe *Louis Pasteur* war der gleichen Meinung: ‚Das Bakterium ist nichts, das Milieu ist alles.' Der Sozial- und Umweltmediziner *Max von Pettenkofer* trank im Jahr 1892 öffentlich eine Flüssigkeit voller Cholerabazillen und blieb gesund. Er wollte zeigen, dass die Lebenswelt der Menschen für die Cholerakrankheit entscheidend sei. … ‚Das Virus ist nichts, der individuelle Mensch ist alles', gilt es jetzt zu erkennen. … Corona ist ein Menetekel, eine Unheil verkündende Warnung vor einem falschen Weg in Politik, Wirtschaft und Gesellschaft. Psychosozialer Stress, Ängste, Einsamkeit oder Ausgrenzung schwächen das individuelle und erst recht auch das soziale Immunsystem."[69]

---

[69] Zitiert nach: Ellis Huber, *Das Virus, die Menschen und das Leben*, a.a.O.

Was heißt das aber konkret? Das bedeutet doch, dass nicht das Virus, sondern die Menschen selbst für die Erkrankung verantwortlich sind! Wir alle und damit jeder Einzelne ist dafür verantwortlich, was das Virus mit ihm macht oder nicht! *Nicht das Virus also, sondern wir selbst stellen die Bedrohung durch eine Virus-Erkrankung dar!*

Staatliche Schutzmaßnahmen und Einschränkungen wie der jetzige Lockdown können und sollen vor allem die Menschen schützen, die sich selbst nicht mehr schützen können und die ohnehin schon auf medizinische Hilfe angewiesen sind. Diese Maßnahmen täuschen in ihrer Rigorosität jedoch darüber hinweg, dass alle nicht hilfsbedürftigen und gesundheitlich geschwächten Menschen, und das sind eben mindestens 90% der Bevölkerung, für sich selbst verantwortlich sind, vor allem auch für die eigene Gesundheit.

Der allgemeine Lockdown trifft aber vor allem die Menschen, die sozial isoliert und nicht nur materiell verarmt, sondern dadurch auch psychisch geschwächt sind, insbesondere natürlich in den unterentwickelten Ländern, aber auch in den sozial schwachen Bevölkerungsgruppen in den hochentwickelten Industriestaaten, insbesondere in den USA. Hier wie auch im Ganzen zeigt die Corona-Krise allen, die das wahrnehmen können und wollen, woran unsere Gesellschaft eigentlich erkrankt ist.

Die geopolitische Stellung Chinas und das Jahrhundert Asiens

Kommen wir nun zu der oben bereits angesprochenen Frage nach den geopolitischen Zusammenhängen der Corona-Krise. Wie alle anderen Völker, insbesondere die angloamerikanischen im Laufe des 19. und 20. Jahrhunderts, so verfolgt im 21. Jahrhundert auch die Volksrepublik China eigene Wirtschaftsinteressen. Diese werden mit einem hoch intelligent entwickelten System einer globalen, von China ausgehenden Infrastruktur, dem sogenannten „Belt and road"-Projekt, auch die „neuen Seidenstraßen" genannt, seit 2013 unter Einsatz riesiger Kapitalmengen voran getrieben.[70]

Im Hinblick auf die jetzige weltweite Wirtschaftskrise wird nun das folgende Szenario sichtbar: Es ist offensichtlich, dass diese Krise in Europa besonders diejenigen Volkswirtschaften hart trifft, die ohnehin schon durch die vorangegangenen Finanz- und Wirtschaftskrise 2008/09 geschwächt worden sind – innerhalb Europas also vor allem Italien, Spanien, Portugal und Griechenland. Diese wirtschaftlich schwachen und innerhalb der EU daher an den Rand gedrängten Länder haben sich seit 2013 durch die sogenannte „neue Seidenstraße" in ein Abhängigkeitsverhältnis zur VR China begeben. Denn China hat sich unter Zusicherung riesiger Investitionen Zugang zu den wichtigsten Häfen des Mittelmeeres in Italien, Frankreich, Spanien und Portugal gesichert.

Somit besteht im Anschluss an die Corona-Krise die Gefahr, dass weitere Abhängigkeiten von der VR-China durch die für diese angeschlagenen Volkswirtschaften notwendige Kredite geschaffen werden, die aufgrund der Corona-Krise später möglicherweise nicht mehr getilgt werden können. Ob China solche Kredite an die betroffenen Länder tatsächlich austeilen wird, bleibt abzuwarten. Das hängt auch ganz wesentlich davon ab, ob die anderen europäischen Staaten hier nochmals bereit

---

[70] Dieses geopolitische Großprojekt der VR China umfasst den Ausbau weltweiter neuer Handelswege sowohl zu Land wie zu Wasser, auf denen China seinen weltweiten Einfluss auf allen Kontinenten außerhalb der USA massiv verstärken will. Xi Jinping und die KP Chinas versuchen damit die absolute Vorherrschaft der USA zu durchbrechen, um sich selbst an die erste Stelle einer neuen Weltherrschaft zu setzen. Siehe dazu das Buch des SZ-Mitarbeiters Martin Winter, *China 2049. Wie Europa versagt*, Süddeutsche Zeitung Edition, München 2019.

sind, in die Bresche zu springen. Danach sieht es allerdings von heute aus betrachtet doch aus, da sich die europäischen Finanzminister am 9. April 2020 auf ein umfassendes europäisches Rettungsprogramm einigen konnten.

Es ist außerdem interessant zu beobachten, dass insbesondere die europäischen Staaten, die mit China die engsten Handelsbeziehungen pflegen und von diesen massiv abhängig sind, wie etwa Deutschland mit seiner Automobilindustrie und Frankreich mit seiner Luftfahrtindustrie, besonders stark von den wirtschaftlichen Folgen der COVID-19 betroffen sind.

Noch stärker aber ist der Iran betroffen, der aufgrund seiner Isolation durch das von den USA ausgehende Handelsembargo sich besonders eng an China gebunden hat. Dort liegt die Sterblichkeit aufgrund der COVID-19 um ein Vielfaches höher als in Deutschland.[71]

Auffällig ist in diesem Zusammenhang aber auch, dass die der VR China kritisch gegenüberstehenden Regionen und Länder, die unmittelbar an China angrenzen, wie insbesondere Hongkong, wo es seit über einem Jahr zu schweren Protesten gegen die chinesische Vorherrschaft gekommen ist, und in der von China unabhängigen Insel Taiwan die allerwenigsten Erkrankungen und Todesfälle

---

[71] Dafür sind zwei Faktoren von Bedeutung: Zum einen hat der Iran im Zuge der neuen Seidenstraßen-Politik besonders enge Beziehungen zu China aufgebaut und befindet sich dadurch auch in einer verstärkten Abhängigkeit zur VR China. Zum anderen ist der Iran durch das von den USA verhängte Einfuhrverbot für medizinisches Material besonders hart betroffen. Siehe dazu eine Meldung aus Le monde diplomatique vom 23.3.2020, https://taz.de/Aus-Le-Monde-diplomatique/!5672949/. Hier spiegelt sich die Auseinandersetzung zwischen Ost und West, zwischen China und den USA, die einen wesentlichen Hintergrund der Corona-Krise bildet, in besonders tragischer Weise wider.

durch das Corona-Virus gegeben hat.[72] Das ist vor allem darauf zurückzuführen, dass sich diese Regionen sehr frühzeitig, noch bevor China und die WHO die Epidemie offiziell bekannt gegeben hatten, gegen Einreisen aus der VR China abgeschirmt und die eigene Bevölkerung massiven Tests unterzogen haben, was eben in den mit China in Handelsabhängigkeiten stehenden Ländern erst viel später erfolgt ist. Dazu hat natürlich aber auch die Verschleppungs- und Vertuschungstaktik der KP Chinas einen gehörigen Teil beigetragen.

Bereits Mitte März wiesen jedoch unabhängige Beobachter in China darauf hin, dass wir die offiziellen Zahlen sowohl der Infizierten wie der Opfer um ein Vielfaches erhöhen müssen. Und zwar hauptsächlich deswegen, weil die chinesische Führung diese negativen Zahlen natürlich verschleiern will, so wie es in Kriegszeiten bei totalitären Regimes immer üblich war, die Zahl der eigenen Opfer herunter zu spielen.

Damit soll hier jedoch keine neue Verschwörungstheorie angezettelt, sondern lediglich auf die geopolitischen Machtverhältnisse und deren Verschiebung durch die jetzige Corona-Krise hingewiesen werden. Diese Verschiebung ist schon seit längerer Zeit im Gange, denn das 21. Jahrhundert wird im Gegensatz zum 19. Jahrhundert, das von der Vorherrschaft des britischen Empires geprägt war[73], und dem 20. Jahrhundert, das unter der Domäne

---

[72] Dabei ist es auch wichtig zu wissen, dass Taiwan aufgrund des Einspruchs der VR China von der WHO ausgeschlossen ist und in Folge dessen die auf Taiwan erhobenen Daten von der WHO nicht berücksichtigt werden.
[73] Siehe dazu das sehr aufschlussreiche Werk von Pankaj Mishra, *Aus den Ruinen des Empires. Die Revolte gegen den Westen und der Wiederaufstieg Asiens,* Frankfurt M. 2013. Darin zeigt der Autor, wie sich im Laufe des 20. Jahrhunderts in Asien eine immer stärkerer Widerstand gegen den englisch-europäischen Kolonialismus gebildet hat, von dem die

der USA stand, nun von Asien unter der Führung Chinas dominiert werden. Für wie lange Zeit diese Vorherrschaft dauern wird, lässt sich von heute aus gesehen noch nicht sagen.

Sicher aber ist, dass nicht nur in China, sondern auch im mittleren Osten und in Russland die Volkswirtschaften inzwischen so erstarkt sind und weiter erstarken, dass sich bereits heute immer mehr große Firmen, Luxus-Marken, Automobilunternehmen, Fußballvereine, Immobilien und Kulturgüter in Europa im Besitz russischer, chinesischer, arabischer, persischer und anderer asiatischer Magnaten befinden. Das „one belt – one road"-Projekt Xi Jinpings ist daher nur der konsequente Ausbau einer Infrastruktur, die es China und seinen Verbündeten ermöglichen soll, den europäischen Markt, aber auch die Märkte Afrikas und Südamerikas ähnlich zu beherrschen, wie es England und Amerika im 19. und 20. Jahrhundert getan haben. Dabei will sich die KP Chinas, die 2021 ihr 100jähriges Bestehen feiern wird, als die alle asiatischen Kräfte anführende neue Weltmacht präsentieren.[74]

Ob das allerdings angesichts der enormen Schäden, die auch Chinas Wirtschaft infolge der Pandemie hinnehmen muss und über die in den offiziellen Verlautbarungen ebenso geschwiegen wird wie über die eigentliche Zahl der Opfer, tatsächlich möglich sein wird, ist von heute aus noch schwer zu beurteilen. Sicher ist, dass ein Staat wie die VR China in der Lage ist, bei einer Pandemie dieses Ausmaßes aufgrund seiner totalitären Verfassung mit drakonischeren Quarantänemaßnahmen gegen die

---

intellektuellen Eliten Asiens, vor allem Indiens und Chinas stark geprägt waren.
[74] Vgl. dazu das äußerst aufschlussreiche Buch von Peter Frankopan, *Die neuen Seidenstraßen. Gegenwart und Zukunft unserer Welt*, Berlin 2019, in dem er diese Entwicklung sehr ausführlich und überzeugend nachzeichnet.

Ausbreitung eines Virus vorzugehen als die demokratisch verfassten Staaten. Dass diese Maßnahmen auch einem schnelleren Wiederankurbeln der Wirtschaft dienlich sein werden, ist mit hoher Wahrscheinlichkeit anzunehmen.

Dabei ist außerdem absehbar, dass der Hauptrivale Chinas, die USA, sehr viel härter von der Corona-Krise betroffen sind und sich daher auch sehr viel langsamer, wenn überhaupt von dieser schwersten Wirtschaftskrise seit 1929 wieder erholen werden. Das verschafft China in seinem Bestreben, die neue Weltmacht des 21. Jahrhunderts zu werden, zusätzliche Vorteile.

Byung-Chul Han, der in Berlin lehrende koreanische Philosoph hat in einem Essay in der spanischen Tageszeitung *El Pais* bereits am 22. März davor gewarnt, dass sich in Zukunft mehr und mehr europäische Bürger chinesische Verhältnisse herbei wünschen werden, d.h. mehr staatliche Überwachung, mehr Handy-Tracking und ein soziales Punktesystem, bei dem diejenigen, die sich an die staatlichen Verordnungen halten, belohnt, die anderen hingegen bestraft werden. Das chinesische Modell werde als Zukunftsmodell gegen weitere Pandemien auch in Europa Schule machen.[75]

Eine Entwicklung in Richtung einer neuen asiatischen Weltmacht wurde im Übrigen nach dem Ende des Ersten Weltkrieges von niemand anderem als von *Rudolf Steiner*, dem Begründer der Anthroposophie, bereits vorher gesagt. Er wies mehrfach darauf hin, dass, wenn es den Europäern und Amerikanern nicht gelänge, den Asiaten und insbesondere China anstelle eines unabhängigen und spirituell orientierten Geisteslebens etwas Anderes entgegenzuhalten als wirtschaftliche Stärke und militäri-

---

[75] Laut einem Bericht in *The Guardian* https://www.theguardian.com/world/2020/apr/11/coronavirus-who-will-be-winners-and-losers-in-new-world-order.

sches Gleichgewicht, sich das in markanter Weise rächen werde:

„Entweder wird die heutige zivilisierte Menschheit sich dazu bequemen müssen, ein solches selbständiges Geistesleben hinzunehmen, oder die gegenwärtige Zivilisation muss ihrem Untergang entgegengehen und aus den asiatischen Kulturen muss sich etwas Zukünftiges für die Menschheit ergeben."[76]

Und wenige Zeit später fügte er in einem Vortrag in Oslo hinzu:

„Ruhe auf der Erde wird nicht sein, bevor eine gewisse Harmonisierung der großen okzidentalen und orientalen Angelegenheiten sich wird abgespielt haben. Aber es gibt heute noch keine Einsicht dahingehend, dass sich diese Harmonisierung abspielen muss zunächst auf geistigem Gebiete. Man möge sich noch so sehr unterhalten über Abrüstungsfragen und ähnliche luxuriöse Angelegenheiten gegenüber der heutigen schweren Zeit, das werden luxuriöse Angelegenheiten, schöne Unterhaltungen zunächst bleiben, so lange nicht innerhalb der westlichen Welt gefunden wird jene Spiritualität, welche enthalten ist, nur nicht gesucht wird in unserer ganzen Kulturentwickelung seit der Mitte des 15. Jahrhunderts. Es ist schon ein Schatz innerhalb dieser Kulturentwickelung enthalten. …

Solange die Europäer und Amerikaner mit den Asiaten sich nur um wirtschaftliche Interessen unterhalten, so lange wird niemals Vertrauen unter den Asiaten Platz greifen, und man wird sich lange über Abrüstungsfragen und wie schön es wäre, wenn keine Kriege geführt würden, unterhalten können.

Der große Krieg wird geführt werden zwischen Asien und dem Westen trotz aller Abrüstungskonferenzen, wenn nicht eines eintritt, wenn nicht die Asiaten vom Westen herkommend etwas sehen, was Geist des Westens ist, der ihnen deshalb leuchten kann und zu dem sie Vertrauen werden haben können, weil sie dafür Verständnis haben aus ihrer eigenen, obzwar in die Dekadenz gekommenen Geistigkeit heraus. An dem Verständnis dieser Sachlage hängt der Friede der Welt,

---

[76] Vortrag vom 2. November 1919, in *Soziales Verständnis aus geisteswissenschaftlicher Erkenntnis*, GA 1919, Dornach 1989.

nicht an jenen Unterhaltungen, die heute die äußeren Führer der Menschheit pflegen. …

Die Menschheit ist einmal in die Epoche der freien Benützung ihrer Kräfte eingetreten, und die Menschheit muss diese freien Kräfte wirklich handhaben. Das heißt, die Menschheit muss selber entscheiden, ob sie die Spiritualität haben will, oder ob sie sie nicht haben will. Wird sie sie haben wollen, dann wird ein Fortschritt der Menschheit möglich sein. Wird sie sie nicht haben wollen, dann ist der Untergang des Abendlandes besiegelt, dann wird unter den furchtbarsten Katastrophen eine ganz andere Fortentwickelung der Menschheit stattfinden müssen, als sich viele heute träumen lassen."[77]

In diesem Sinne wandten sich bereits nach dem Ersten Weltkrieg, insbesondere aufgrund der für China erniedrigenden Bestimmungen der Versailler Verträge,[78] viele chinesische Intellektuelle in der sogenannten „Bewegung des 4. Mai" enttäuscht von ihren ursprünglichen europäischen Vorbildern ab, um später ihr Heil im chinesischen Kommunismus *Mao Tse-Tungs* zu suchen.[79] Aber auch andere asiatische Intellektuelle und spirituelle Führer wie etwa *Sri Aurobindo* und *Tagore* machten auf den Verfall des Westens frühzeitig aufmerksam und äußerten sich bereits vor dem Ersten Weltkrieg dahin gehend, dass die Zivilisation des „prahlerischen, aggressiven und dominanten Europa zum Tode verurteilt" sei.[80]

---

[77] Vortrag vom 24. November 1921 in *Nordische und mitteleuropäische Geistimpulse*, GA 209, Dornach 1982.
[78] Die Versailler Verträge verfügten, dass die für China sehr wichtige Küstenprovinz Shandong an Japan abgetreten werden musste.
[79] Zu diesen Intellektuellen zählte vor allem der im kommunistischen China auch heute noch verehrte *Lu Xun*, der mit seinem literarischen Werk zum Vorbild für viele Studenten und Intellektuelle wurde. Der Widerstand gegen die Versailler Verträge richtete sich vor allem gegen das mit den westlichen Alliierten verbündete Japan. Der Erste Weltkrieg hatte also nicht nur in Europa, sondern auch in Ostasien gravierende Folgen.
[80] Vgl. Pankaj Mishra, *Aus den Ruinen des Empire*, a.a.O., S. 258 ff. Rudolf Steiner wies in diesem Zusammenhang häufig auf den

Die von China ausgehende Pandemie ist unter diesen Vorzeichen eben auch der Ausdruck eines massiven Versäumnisses in der europäischen und amerikanischen Zivilisation: Anstelle eines geistigen Wachstums auf der Grundlage der seit dem 15. Jahrhundert erfolgten Kulturentwicklung wurde ein rein materielles Wachstum, vor allem auf wirtschaftlichem Gebiet in aggressiver Weise vorangetrieben. Dieses Wachstum ist in der Corona-Krise nun erstmals zu einem fast vollständigen, alle westlichen Länder umfassenden Stillstand gekommen.

Es bleibt abzuwarten, ob dieser Stillstand nun zu einem Erwachen im Hinblick auf einen Systemwechsel führen wird, wie er vor allem von Seiten der Klimaschützer, aber auch von Seiten derjenigen, die sich um die Integration der Flüchtlinge in Europa bemühen, schon seit Jahren gefordert wird, oder ob es nach der Krise weiter geht wie zuvor.

Abschließend sei aber nochmals gesagt: dass der Westen und insbesondere Europa heute wirtschaftlich so stark von China abhängig sind, ist nicht die Schuld der Chinesen!

Der Einfluss von Bill Gates und seiner Stiftung im Zusammenhang mit der Corona-Krise

Die *Bill & Melissa Gates Stiftung* verfügt über ein Vermögen von 37 Milliarden Dollar und ist damit die reichste und größte private Stiftung der Welt. Sie unterstützt nicht nur die WHO, sondern auch das *Johns-Hopkins-Center for Health Security* in Baltimore/USA. Außerdem finanziert sie alle jene Institutionen, die in der Corona-Krise den

---

chinesischen Schriftsteller und Intellektuellen *Ku Hung Ming* und sein Buch *Der Geist des Chinesischen Volkes und der Ausweg aus dem Krieg*, Jena 1916 hin. Vgl. vor allem die Vorträge in *Innere Entwicklungsimpulse der Menschheit*, GA 171, Dornach 1984.

Lockdown nicht nur empfohlen, sondern permanent weiter verlängert haben, unter Androhung der tödlichsten Szenarien.[81] Dazu gehören in Deutschland die Charité mit Prof. *Drosten* und das RKI mit Prof. *Wieler,* in England das Londoner *Imperial College* mit Prof. *Ferguson.* Weiterhin ist Bill Gates an diversen Pharma- und Biotech-Unternehmen beteiligt, die permanent an neuen Impfstoffen, auch gegen das neue Corona-Virus arbeiten. So finanziert er auch die internationale Impfallianz GAVI.

Das Johns-Hopkins-Center spielt nicht nur in der Verbreitung der Erkrankungs- und Todesstatistiken der COVID-19 eine sehr große Rolle, sondern dieses Institut hat gemeinsam mit der Bill Gates Stiftung und dem *World Economic Forum* bereits im Oktober 2019 eine virtuelle Simulation einer Corona-Virus-Pandemie veranstaltet. Diese Simulation sollte die internationale Öffentlichkeit, insbesondere die Staats- und Wirtschaftsführer auf die enorme Bedrohung durch eine Pandemie dieser Art aufmerksam machen.[82]

---

[81] Die Londoner *Times* berichtete am 15.4.2020, dass die Zahl der durch den Lockdown verursachten Toten in England und Wales aufgrund von nicht mehr erfolgten Behandlungen akuter gefährlicher Erkrankungen und anderer durch den Lockdown bedingter Ursachen die Zahl der an dem Corona-Virus Gestorbenen deutlich überstiegen habe. https://archive.is/2eKCW.

[82] Siehe dazu den internationalen Aufruf *Event 201. A global pandemic exercise. Public-private cooperation for pandemic preparedness and response. A call to action,* der im Internet unter dem Stichwort „Event 201" zu finden ist. Im Übrigen hat das Robert-Koch-Institut (RKI) in Berlin bereits im Dezember 2012 eine ähnliche Simulationsstudie mit einem fiktiven Virus namens „Modi-Sars" durchgeführt und an die Bundesregierung übermittelt. Diese Simulations-Studie ging ebenso wie die Johns-Hopkins-Studie in der Darstellung der weltweiten Auswirkungen, vor allem aber in der Anzahl der Opfer weit über das jetzige Ausmaß der Corona-Pandemie hinaus. Siehe *Stuttgarter Zeitung* vom 24.3.2020. Beide Simulationen fanden jedoch von offizieller Seite weder in den USA noch in Deutschland irgendeine Beachtung.

Warum aber befasst sich ein Mensch wie Bill Gates mit der Seuchenhygiene und den Pandemien, warum hilft er der Pharma- und Biotechindustrie? Weil er als Entwickler der weltweit erfolgreichsten Software für Computersysteme und als Begründer der Firma *Microsoft* sehr gut mit den Gefahren, die den Computersystemen durch die sogenannten *Virenprogramme* entstehen, vertraut ist! Von Anfang an ging es seit der Erfindung der *Windows-Software*, also der weltweit am weitesten verbreiteten Systemsoftware für private Computeranwendungen, darum, diese Software gegen Angriffe aus dem Internet durch solche Virenprogramme zu schützen. Die *Windows-Firewall* und zahlreiche weitere Schutzmaßnahmen sind nicht nur für die Datensicherheit, sondern auch für das regelrechte Funktionieren des eigenen Computers eine entscheidende Grundlage.

Nun denkt ein Mensch wie Bill Gates, ähnlich wie seine Kollegen aus dem Silicon Valley jedoch in den Kategorien des Transhumanismus, die den Menschen lediglich als eine Maschine begreifen, die sich technologisch, auch mit medizinischen Mitteln immer weiter verbessern und optimieren lässt. Auf die Entwicklung der künstlichen Intelligenz, an deren Fortschreiten Bill Gates natürlich maßgeblich beteiligt war, kann in diesem Zusammenhang nicht weiter eingegangen werden.[83] Sicher ist nur, dass Bill Gates, genauso wie viele andere Transhumanisten sehr idealistisch im Hinblick auf die technologische Entwicklungsfähigkeit des Menschen gestimmt ist oder jedenfalls so tut und daher meint bzw. vortäuscht, mit seiner biotechnologischen Forschung, seinen Einschätzungen

---

[83] Siehe dazu das Buch des Verfassers *Digitale Zukunft? Kritische Betrachtungen zur digitalen Transformation und wie wir ihr wirksam begegnen können*, Stuttgart 2019, sowie den Band *Künstliche Intelligenz. Verschmelzen Mensch und Maschine?* Mit Beiträgen von Edwin Hübner, Franz Fahling und Andreas Neider, Witten 2016.

pandemischer Bedrohungen der Menschheit und vor allem mit seinen riesigen Kapitalmengen etwas Gutes zu tun.

Das Problem an diesem materialistischen Idealismus ist aber, dass der Mensch nun einmal keine Maschine ist, sondern ein Wesen, das aus Geist, Seele und Leib besteht. Dadurch stellen natürlich die transhumanistischen Ideale und die enorme finanzielle Macht, die hinter diesen Idealen steckt, eine echte Bedrohung für die Menschheit dar. Denn durch ihr reduktionistisches Weltbild verbreitet sich im Rahmen einer solchen Pandemie, wie wir sie gegenwärtig erleben, nicht nur eine enorme Abhängigkeit von einem Impfstoff, wer immer diesen dann auch herstellen mag. Durch diese Sehnsüchte wird zusätzlich auch die eigentliche Ursache einer solchen Pandemie wie der COVID-19 noch weiter verschleiert und ein über das rein materialistische Anschauen des Menschen hinausgehendes spirituelles Verständnis dieser Erkrankung und des Menschen erschwert.

Zu den Maßnahmen bei der Entwicklung eines Corona-Impfstoffes gehört aber auch – und hier beginnt es tatsächlich bedrohlich zu werden – eine von Bill Gates ins Gespräch gebrachte digitale Überwachungsmethode im Hinblick auf die Impfung gegen das Corona-Virus. Als Medium für die Überwachung der geplanten Corona-Impfung soll ein sogenanntes „digitales Zertifikat" dienen, das unsichtbar unter die Haut eingepflanzt wird.[84] Eine solche Überwachungsmaßnahme wäre die konsequente Fortsetzung der schon jetzt sichtbaren totalitären Überwachungsstrukturen selbst in einem freiheitlich gesinnten Staat wie der Bundesrepublik Deutschland.

---

[84] Bill Gates hat diese digitale Totalüberwachung in einem Interview am 24. März 2020 in der amerikanischen Talkserie „TED-Connects" ins Spiel gebracht. https://www.ted.com/talks/bill_gates_how_we_must_respond_to_the_coronavirus_pandemic/transcript.

Und sie entspräche natürlich den Zielen und Idealen des Transhumanismus, die Menschheit in totalitärer Weise technologisch-medizinisch aufzurüsten.

In einer mit totalitären Überwachungsinstrumenten durchgesetzten Zwangsimpfung besteht also eine massive Bedrohung, die nicht nur von Bill Gates, sondern eben auch von der WHO, dem Johns-Hopkins-Institut, aber auch von den von Gates unterstützten staatlichen Institutionen in Deutschland. ausgeht.[85] Damit soll natürlich nicht der Tatsache widersprochen werden, dass ein entsprechender Impfstoff für besonders bedrohte Bevölkerungsgruppen unter gewissen Umständen eine Hilfe zum Überleben sein kann.

Dass aber Bill Gates ausgerechnet am Ostersonntag im Deutschen Fernsehen seine Heilsbotschaft, dass nur ein neuer Impfstoff uns vor dem Virus und einer weiteren Pandemie bewahren könne, unterstreicht seinen fast religiös anmutenden und für einen Transhumanisten typischen Eifer in dieser Sache.[86]

Hinzu kommt, dass die Bill & Melissa Gates Stiftung sowohl in Indien wie in Afrika Impfstoffe in Umlauf gebracht hat, die gesundheitliche Schäden und auch Tote in den betroffenen Ländern verursacht haben sollen.[87] Indien hat die Gates-Stiftung wegen der massiven Einflussnahme durch von der Gates-Stiftung unterstützte

---

[85] Auf die Gefahr einer digitalen Totalüberwachung gesundheitsrelevanter Daten hat übrigens auch *Edward Snowden* in einem Interview am 23. März 2020 hingewiesen. https://www.youtube.com/watch?v=9we6t2nObbw Interessant daran ist, dass Bill Gates kein Freund von Edward Snowden ist. In einem Interview mit *The Rolling Stone* warf er ihm vor, sein Land, die USA, verlassen und verraten zu haben.

[86] https://www.tagesschau.de/ausland/gates-corona-101.html.

[87] https://multipolar-magazin.de/artikel/der-impfaktivismus-der-gates-stiftung.

Pharmaunternehmen aus dem nationalen Gesundheitssystem verbannt.[88] Insofern ist bezüglich der Gates-Stiftung und ihren Absichten tatsächlich äußerste Vorsicht geboten.[89]

Verschwörungstheorien über den Auslöser der Pandemie

Wenig hilfreich sind in diesem Zusammenhang jedoch die mit der Corona-Krise in den sozialen Netzwerken auftauchenden Verschwörungstheorien. Eine dieser Theorien macht die 5G-Technologie für den Ausbruch der Corona-Viren-Erkrankung verantwortlich, denn sie sei in Wuhan zuerst erprobt worden und habe dadurch das Immunsystem vieler Menschen massiv geschwächt.

Zu dieser Theorie, die durch den amerikanischen Arzt *Dr. Thomas Cowan* in Umlauf gebracht wurde, muss das Folgende gesagt werden. In seinem Video[90] legt Cowan

---

[88] Laut einer Meldung der Nachrichtenagentur Reuters vom 8.2.2017: https://www.reuters.com/article/us-india-health-bmgfidUSKBN15N13K. Diese Nachricht wurde bei Reuters mittlerweile gelöscht und durch eine zensierte Fassung ersetzt, in der von den Schädigungen durch Polioimpfungen keine Rede mehr ist:
https://news.trust.org/item/20170208104452-a46i1. Jedoch gibt es weitere Anschuldigungen gegen die BMGF im Zusammenhang mit Impfexperimenten in Indien:
https://www.dailymail.co.uk/news/article-2908963/Judges-demand-answers-children-die-controversial-cancer-vaccine-trial-India.html
Die angeblichen Sterilisierungen durch Impfungen in Kenia wurden mittlerweile als wissenschaftlich nicht haltbar beurteilt:
https://retractionwatch.com/2018/01/30/second-time-researchers-retract-republish-vaccine-paper/

[89] Vgl. https://multipolar-magazin.de/artikel/der-impfaktivismus-der-gates-stiftung.

[90] https://www.youtube.com/watch?v=GyRb7S9HEBs&t=222s
Cowans Aussagen in diesem Video beruhen wiederum auf einer Theorie des amerikanischen Mobilfunkgegners *Arthur Firstenberg*, der in seinem Buch *The invisible rainbow* behauptet, die Pandemien des 20. Jahrhunderts seien durch die verschiedenen Entwicklungsstufen drahtloser Technologien wie dem Radio, dem Mobilfunk und eben

den Schluss nahe, dass die 5G-Mobilfunktechnologie ursächlich etwas mit dem Ausbruch der Corona-Pandemie zu tun haben könnte.

Die 5G-Technologie, die tatsächlich in China am weitesten entwickelt und vorangetrieben wurde, ist jedoch bislang noch nirgends auf ihre für das menschliche Immunsystem schädigenden Wirkungen erforscht worden. Sicher ist jedoch, dass diese Technologie, die in China hauptsächlich zu Überwachungszwecken eingesetzt wird, weder in *Wuhan* noch in einer anderen chinesischen Stadt *zuerst* installiert worden ist, wie der Autor dieser Theorie in seinem Video behauptet, sondern *in 50 chinesischen Städten gleichzeitig*.[91]

Selbst wenn diese Technologie also eine schädigende Wirkung auf das menschliche Immunsystem ausüben würde, was der Autor ohne irgendwelche Belege behauptet, dann könnte diese Wirkung sich erstens niemals in so kurzer Zeit in so massiver Weise auswirken, wie wir es in China erlebt haben. Der Corona-Virus hätte sich dann außerdem auch in allen anderen chinesischen Städten gleichzeitig ausbreiten müssen, in denen 5G bereits installiert worden ist, was aber nicht der Fall war.

Weiterhin hätte das Virus sich dann auch überall dort, wo 5G noch nicht installiert worden ist, zum Beispiel in

---

5G und nicht durch die Viren *ausgelöst* worden. Dabei stellt er die von der Virologie eindeutig nachgewiesenen Übertragungswege dieser Erkrankungen von Mensch zu Mensch in Frage und behauptet ohne jegliche wissenschaftlichen Nachweise, die Krankheiten würden sich mit Hilfe der elektromagnetischen Wellen verbreiten. Dass sich die Mobilfunktechnologien insgesamt jedoch schon seit längerer Zeit schwächend auf unser Immunsystem auswirken können, steht außer Frage.

[91] Diverse Pressemeldungen wiesen am 1.11.2019 darauf hin, dass der Start der 5G-Technolgie in China in 50 Städten gleichzeitig stattfand, siehe z.B.: https://www.computerbase.de/2019-11/5g-start-china/.

Norditalien, nicht dermaßen rasant ausbreiten können, wie wir es seit Februar 2020 erlebt haben.[92]

Ergo kann man mit Sicherheit davon ausgehen, dass die 5G-Technologie mit der Verbreitung des Corona-Virus in keinem ursächlichen Zusammenhang steht, wie es der Autor dieser Theorie in seinem Video behauptet.[93] Wobei er sich zudem auch noch auf Rudolf Steiner beruft, der jedoch niemals von materiellen oder physikalischen Ursachen einer solchen Pandemie gesprochen hat, wie wir gleich noch sehen werden.

Sicher ist jedoch, dass die 5G-Technologie als Überwachungsinstrument staatlicher Gewalt eine entscheidende Bedrohung der westlichen, demokratisch verfassten Gesellschaften darstellt, deren weitere Entwicklung gerade im Zuge der Corona-Krise äußerst kritisch beobachtet werden muss.

Abschließend sei jedoch gesagt, dass Verschwörungstheorien alles andere als geeignet sind, das Verständnis einer solchen Pandemie zu befördern.

Bereits im Mittelalter war es üblich, für die Pestepidemie nach irgendeinem Bösewicht zu suchen. Zumeist waren es damals als Hexen verschriene Frauen, die man damit

---

[92] Hier ist vor allem davon auszugehen, dass die nachgewiesene schlechte Luftqualität, vor allem in den norditalienischen Großstädten, einen entscheidenden Anteil an der hier auch in früheren Jahren schon sehr hohen Sterblichkeit an Atemwegserkrankungen hat.

[93] Dass die elektromagnetischen Strahlen, nicht erst seit 5G, sondern vor allem durch die WLAN-Netze und die bereits zuvor existierenden Mobilfunktechnologien gesundheitlichen Schaden anrichten können, steht außer Frage, denn dazu gibt es zahlreiche Studien, die vor allem auf einen Zusammenhang mit der Krebserkrankung, aber vor allem auch auf die Elektrosensibilität hinweisen, die zu massiven Gesundheitsstörungen bei den Betroffenen führen kann. Auch auf das Immunsystem können sich die Mobilfunkstrahlen schwächend auswirken. Siehe dazu die verschiedenen Ratgeber von *diagnose: funk* unter www.diagnose-funk.org.

brandmarkte, oder es wurde „den Juden" die Verursachung angelastet.

Rudolf Steiners Aussagen zu den Ursachen epidemischer Erkrankungen

Damit kommen wir nun zu den Aussagen Rudolf Steiners, die er in den Jahren vor und nach dem Ersten Weltkrieg im Hinblick auf die Pandemien gemacht hat. Dabei ist zu berücksichtigen, dass es zu seinen Lebzeiten in den Jahren 1918 bis 1920 die oben schon erwähnte „Spanische Grippe" mit ihren weltweiten extremen Auswirkungen gegeben hat, auf die sich daher einige seiner zeitnahen Aussagen beziehen. Wir zitieren sie im Folgenden nur in kurzen Auszügen.

Die grundlegende Anschauung Steiners zu solchen Pandemien wie der „Spanischen Grippe", zu der es bereits 1889 einen Vorläufer gegeben hatte, drückt sich in dem folgenden, sehr drastischen und bildhaften Vergleich aus:

„Derjenige, der behauptet, dass von den kleinen Lebewesen die Krankheiten kommen, der zum Beispiel sagt: die Grippe kommt von dem Grippebazillus und so weiter, der ist natürlich geradeso gescheit, als wenn einer sagt, der Regen kommt von den Fröschen, die quaken. Natürlich, wenn der Regen kommt, quaken die Frösche, weil sie es spüren, weil sie ja in dem Wasser sind, das angeregt ist durch dasjenige, was den Regen bewirkt. Aber die Frösche bringen nicht den Regen. Ebenso bringen die Bazillen nicht die Grippe; aber sie sind da, wo die Grippe ist, geradeso wie die Frösche auf eine unerklärliche Weise hervorkommen, wenn der Regen kommt."[94]

Damit stellt Steiner den ursächlichen Zusammenhang

---

[94] Aus einem Vortrag vor Arbeitern am 23. Dezember 1922. In: *Über Gesundheit und Krankheit. Grundlagen einer geisteswissenschaftlichen Sinneslehre.* GA 348, Dornach 1997, S. 141.

einer Grippeepidemie mit den entsprechenden Bazillen[95] grundlegend in Frage. Er deutet daraufhin, dass sich die Bazillen nur dort ausbreiten können, wo ein entsprechender Boden für sie vorhanden ist.

Um in seinem Bild zu bleiben, müsste die Ursache für eine Grippeerkrankung, also in seinem Bild für den Regen, nicht bei den quakenden Fröschen, also den Viren, sondern in den Wolken gesucht werden, die den Regen hervorbringen! Worin bestehen im menschlichen Organismus diese Wolken? Darauf gibt die folgende Aussage eine Antwort:

„Nicht das wollte ich aber hervorheben, sondern das, dass in der Tat die okkulte Wissenschaft uns zeigt, dass Bazillen zum Beispiel im menschlichen Leibe gepflegt werden müssen, wenn sie wirklich gedeihen sollen. Sie müssen von Menschen gepflegt werden. Nun wird selbstverständlich jeder Mensch in der Gegenwart sagen, es wäre töricht, Bazillen geradezu zu mästen, zu pflegen, sie zu veranlassen, möglichst zahlreich zu werden. Aber es handelt sich nicht darum, dass man Grundsätze hat, und welche Grundsätze man hat, sondern darum, dass man die Sache vom richtigen Gesichtspunkt aus anzusehen vermag.

Und nun kann vor der geisteswissenschaftlichen Erkenntnis nicht geleugnet werden, dass zum Beispiel ein Ich und ein Astralleib, die sich nur füttern mit materialistischen Vorstellungen, die abweisen alle spirituellen Vorstellungen, die abweisen allen Spiritualismus, davon nichts wissen wollen, wenn sie schlafend aus dem Leibe hinausgehen, aus der geistigen Welt Kräfte in die Organe hineinstrahlen, die geradezu förderlich sind für das Bazillenleben."[96]

Steiner folgend läge die Ursache für solche Epidemien,

---

[95] Mit dem Ausdruck Bazillen fasste man in der Pathologie zur damaligen Zeit alle Mikroorganismen zusammen, wobei die Viren zum damaligen Zeitpunkt noch nicht entdeckt waren.

[96] Aus einem Vortrag vor Mitgliedern der Anthroposophischen Gesellschaft am 9. Mai 1914. In: *Unsere Toten. Ansprachen, Gedenkworte und Meditationssprüche*. GA 261, Dornach 1984, S. 15.

wie wir sie gegenwärtig erleben müssen, also darin, dass die Menschen mit materialistischen Vorstellungen angefüllt sind. Diese wirken vor allem dann kränkend auf den Organismus, wenn der Mensch schläft, wenn also sein Geistig-Seelisches sich außerhalb des Leiblich-Physischen befindet und dadurch von außen auf die Leiblichkeit wirkt.

Weiterhin macht er in demselben Vortrag auch noch auf den folgenden Zusammenhang aufmerksam:

„Wenn man umgeben ist von den der Krankheit verfallenen oder sterbenden Menschen und diese Bilder zunächst aufzunehmen hat und dann mit diesen Bildern in den Schlaf zieht und nichts hineindringt als die egoistische Furcht, dann durchtränkt sich die Imagination, die aus diesen Bildern entsteht und während des Schlafes in der Seele lebt, mit der egoistischen Furcht, und das bewirkt, dass da schädliche Kräfte einschlagen werden in den menschlichen Leib. – Furcht-Imaginationen sind dasjenige, was tatsächlich pflegende Kräfte für des Menschen ahrimanische Feinde abgibt. Wenn sich ausbreitet eine edle Gesinnung, so dass die egoistische Furcht zurücktritt, und das liebende Helfen unter den Menschen wirkt und in den menschlichen Schlaf nun hineingeht, nicht mit Furcht-Imaginationen, sondern mit dem, was das liebende Helfen bewirkt, dann bedeutet das Schaden für die ahrimanischen Feinde des Menschen."[97]

Mit „ahrimanischen Feinden" verweist Steiner auf den Geist der Furcht, den falschen Fürsten dieser Welt, von dem das Neue Testament und Apokalypse sprechen. Ahriman wird dort mit dem Namen Satan benannt.

Furcht und Ängste vor dem Virus schwächen also den Organismus zusätzlich, während eine edle, selbstlose Gesinnung, durch die die egoistische Furcht zurücktritt, stärkend auf den Organismus wirkt.

Auf letzteren Zusammenhang haben ja in der jetzigen

---

[97] A.a.O.

Krise zahlreiche Äußerungen sowohl von ärztlicher wie von politischer Seite bereits aufmerksam gemacht. Sie deuten zum Glück auf ein heute bereits vorhandenes Verständnis des Zusammenhangs zwischen leiblichen Erkrankungen und psychischen Dispositionen hin. Auf diese Zusammenhänge geht Michaela Glöckler in ihrem obigen Beitrag ausführlich ein.

An dieser Stelle sollte mit dem Hinweis auf die Äußerungen Rudolf Steiners nur darauf hingedeutet werden, dass wir es bei einer solchen Pandemie wie der COVID-19 mit Ursachen zu tun haben, die eben nicht auf der von der Schulmedizin ausschließlich in ihre Untersuchungen einbezogenen, rein materiellen Ebene liegen.

Klima, Flüchtlinge und Transhumanismus – Isolation als Symptom einer Menschheitskrise

Damit erreichen wir nun den Kern unserer symptomatologischen Betrachtung. Das Corona-Virus und die ihm folgende Lungenerkrankung legt bildlich gesprochen den Finger in die Wunde, an der die gesamte Menschheit und mithin die meisten Menschen in den hoch entwickelten Ländern dieser Erde schon seit längerer Zeit erkrankt sind: *Die Isolation des menschlichen Bewusstseins von der Umwelt, von den anderen Menschen und von sich selbst!*

Die Isolation von der Umwelt, die vor allem durch die moderne Naturwissenschaft und Technik vorangetrieben wurde, und die besonders die Landwirtschaft, aber natürlich auch viele andere Bereiche unserer Gesellschaft erfasst hat, kommt schon seit etwa 30 Jahren in der Klimakrise, der Erwärmung unseres Planeten also, und in dem immer weiter um sich greifenden Artensterben zum Ausdruck. Die Ausbeutung und Plünderung der Natur ohne Rücksicht auf die bereits 1972 vom *Club of Rome* angemahnten Grenzen des Wachstums, also die Grenzen der Ausbeutung und Plünderung, war und ist nach wie vor die Folge.

Eine hoch technisierte und vor allem auf künstlicher Düngung und Insektenvernichtungsmitteln aufbauende, industriell arbeitende Landwirtschaft ist nichts anderes als der Ausdruck einer extremen Distanz und Isolation des Menschen von der Natur, die ihn jedoch nach wie vor ernähren soll. Dass dazu auch die oben bereits erwähnte Quälerei von Tieren, die Massentierhaltung usw. gehört, zeigt zusätzlich, wie weit sich die Menschen von der lebenden Natur entfernt haben, um sie desto liebloser und ohne Verständnis für ihre ökologischen Zusammenhänge zu behandeln.

Erstaunlich ist in diesem Zusammenhang auch, dass der eigentliche Ursprung der Pandemie, nämlich die Übertragung des Corona-Virus von Wildtieren auf den Menschen aufgrund unwürdigster Bedingungen, unter denen diese Tiere gefangen gehalten wurden, international praktisch nirgends weiter verfolgt und angeprangert wurde. In China selbst wurde der Wildtierhandel wie bereits 2003 nur vorüber gehend untersagt. Bereits Mitte April 2020 wurden die Wildtiermärkte mit Unterstützung der WHO trotz weltweiter Proteste und massivem Druck wieder geöffnet.[98] Es ist jetzt bereits deutlich, dass eben diese Art von Tierquälerei einfach weiter betrieben wird, obwohl sie den eigentlichen Ursprung dieser Pandemie darstellt. Dass die WHO dabei auch noch unterstützend mitwirkt,

---

[98] Meldung der Nachrichtenagentur AP vom 14.4.2020
https://apnews.com/f65f3de7b9ffbb159bc4cd7419d8a638;
https://www.independent.co.uk/environment/coronavirus-animal-wet-markets-wildlife-who-bats-dogs-turtles-a9450081.html.
Vgl. außerdem Artikel in *National Geographic*:
https://www.nationalgeographic.de/tiere/2020/01/kann-das-coronavirus-chinas-wildtiermaerkten-ein-ende-setzen.

stellt diese Organisation ein weiteres Mal in ein übles Zwielicht.

Wir können an dieser Stelle diese ja bekannten umfangreichen Fakten der Natur- und Umweltzerstörung nicht weiter aufzählen, es würde genügen, wenn sich die Menschen dessen angesichts der jetzt weltweit angeordneten Selbstisolation wirklich an den Kopf fassen und sich fragen würden: *Wie können wir diese äußerliche Isolation, die uns jetzt als Menschen auferlegt ist, die aber, wenn wir auf unser Verhältnis zur Natur schauen, ein Kennzeichen unseres gesamten Lebens geworden ist, endlich überwinden?*

Der zweite Stein, der den hoch entwickelten Gesellschaften, vor allem Europas und Nordamerikas jetzt auf den Kopf zu fallen droht, das ist die Flüchtlingskrise. Denn auch sie ist ein Ausdruck der extremen Isolation unserer Gesellschaft. Halten sich doch die genannten Staaten eben diese Flüchtlinge vom Hals, die zumeist ja vor den Folgen des Klimawandels und vor den Kriegen und Konflikten flüchten, an denen die meisten der genannten Saaten nicht unschuldig sind. Was sich nicht nur gegenwärtig, sondern seit 2015 an den europäischen Außengrenzen abspielt, ist eben der Ausdruck einer Isolationspolitik, an deren Spitze jedoch der amerikanische Präsident Donald Trump steht, der das Motto der Selbstisolation zum Prinzip seiner Politik erklärt hat: „America first"!

Hierbei versagt aber auch die europäische Staatengemeinschaft, die nicht in der Lage ist, die notleidenden Menschen so unter sich aufzuteilen, dass es eben keine Lager wie auf der griechischen Insel Lesbos braucht, die der Gipfel dieser Unmenschlichkeit sind. Man braucht dazu nur das Buch von *Carola Rackete*, die im Sommer 2019 verzweifelt versuchte, mit ihrem Flüchtlingsschiff auf der italienischen Insel Lampedusa ankern zu können, zu lesen[99], dann sieht man überdeutlich, in welcher Art von Selbstisolation auch Europa sich aktuell befindet.

Sie äußert sich in ihrem Buch auch zur Klimakrise, die sie als hauptsächliche Ursache für die Flüchtlingsströme sieht und schreibt:

„Es ist Zeit, die Wahrheit über die Klimakrise zu sagen. Sie ist nur ein Symptom für unser völlig verfehltes Verständnis davon, welchen Platz wir Menschen in der Natur einnehmen. Solange wir nicht grundsätzlich daran arbeiten, Ökosysteme zu regenerieren und soziale Gerechtigkeit herzustellen, gibt es für uns keine Zukunft auf diesem Planeten."[100]

Ilija Trojanow, der selbst ein Flüchtling war, als er 1971 aus Bulgarien über Jugoslawien und Italien nach Deutschland flüchtete, um hier politisches Asyl zu erhalten, schreibt in seinem Buch „Nach der Flucht": „Flüchtende wecken schlafende Fragen." Und „Den Anderen nur als ‚Anderen' wahrzunehmen ist der Beginn von Gewalt."[101]

Carola Rackete zitiert in ihrer Darstellung des Zusammenhanges der Klimakrise und der Flüchtlingskrise auch *Albert Einstein*, der der Ansicht war, dass wir Probleme nie mit derselben Denkweise lösen könnten, durch die sie entstanden sind.

Genau das aber wird momentan auch in der Corona-Krise immer weiter versucht. Der oben erwähnte Tunnelblick einer durch die Epidemiologen gesteuerten Politik ist ein weiterer Ausdruck der bezeichneten Art, die Dinge isoliert und vor allem sich selbst als isoliert zu betrachten.

Wir wollen die Liste dieser Symptome der Selbstisolation jedoch nicht ins Unerträgliche verlängern, denn bekanntlich ist das Anklagen ja die Haupteigenschaft des Teufels,

---

[99] Carola Rackete, *Handeln statt hoffen. Aufruf an die letzte Generation*, München 2019.
[100] A.a.O., S. 101.
[101] Ilija Trojanow, *Nach der Flucht*, Frankfurt M. 2017, S. 54 f.

jedenfalls in seiner Darstellung im Alten Testament, wo er eben als der *Satan*, auf Deutsch: der *Ankläger* bezeichnet wird.[102]

Nicht unerwähnt soll jedoch als Symptom der Entfremdung des Menschen von sich selbst und seinem geistigen Ursprung die mehr und mehr unsere technologische Entwicklung bestimmende Ideologie des *Transhumanismus* bleiben. Das von *Ray Kurzweil*, dem Chefentwickler von *Google*, bereits 2005 entworfene Manifest des Transhumanismus[103] sagt für das Jahr 2045 die Verschmelzung der menschlichen biologischen Evolution mit der von ihm selbst entworfenen Evolution der Maschinenintelligenz voraus. Er glaubt wie viele Anhänger des Transhumanismus, dass sich die Menschheit damit auf eine neue Stufe ihrer Evolution begeben wird. Das heißt mit anderen Worten, dass der Mensch seine eigene Existenz völlig an die Gesetzmäßigkeiten der digitalen Maschinen übergeben würde, was nichts anderes wäre als das Ende des Menschen. Denn je mehr die Menschen an eine Lösung aller ihrer Probleme durch die Entwicklung von sogenannter „künstlicher Intelligenz" glauben, umso mehr geben sie sich selbst als Menschen mit ihren geistigen, sozialen und künstlerischen Fähigkeiten auf.

Wir wollen jedoch die Zukunftsprognose des Ray Kurzweil im Hinblick auf das Herannahen der Singularität hier nicht als gegeben oder gar unumstößlich betrachten, denn man sollte die Dummheit der sogenannten „künstlichen Intelligenz" nicht unterschätzen, zumal ihre Entwicklung unabhängig von der menschlichen Intelligenz gar nicht möglich ist. Jedoch müssen sich dazu die

---

[102] Goethe hat diese Rolle im Prolog zum *Faust* dem *Mephistopheles* zugeschrieben und lässt Gott den Herrn daher zu ihm sagen: *„Kommst du nur immer anzuklagen? Ist auf der Erde ewig dir nichts recht?"* (Vers 293-294).

[103] Ray Kurzweil, *Menschheit 2.0. Die Singularität naht*, Berlin 2013.

Menschen gerade auf diesem Gebiet der Macht ihres eigenen Geistes bewusst werden, anstatt sich mehr und mehr von den von ihnen selbst erschaffenen Maschinen beherrschen zu lassen.[104]

Die Medien und das Internet in der Corona-Krise

Eine besondere Form der Beherrschung der Menschheit durch die von ihr selbst geschaffenen digitalen Technologien bilden das Internet und die sozialen Netzwerke. Hieran erleben wir die Widersprüche, in denen sich die Menschheit gegenwärtig befindet, besonders krass. Denn auf der einen Seite zeigen sich die gewaltigen Vorteile dieser Technologien, nämlich die Verbindung der Menschen untereinander trotz größter sozialer Distanz nun gerade in der Corona-Krise als besonders wirksam und in vielen Fällen natürlich auch als hilfreich.

Man stelle sich nur vor, was geschehen würde, wenn plötzlich das gesamte Internet zusammenbrechen würde. Für die meisten Menschen wäre diese Katastrophe noch unerträglicher als das Corona-Virus selbst. Wie wichtig die menschliche Kommunikation, vor allem die menschliche Sprache für uns alle ist, das erleben wir eben gerade dann besonders stark, wenn die natürlichen Kommunikationswege unterbrochen sind.

Dank des Internets aber bleiben die Kommunikationswege auf digitale Weise aufrecht erhalten, ob nun im Bereich des Unterrichtswesens an Schulen und Hochschulen, ob durch das Homeoffice in fast allen Bürobetrieben oder ob eben im privaten Bereich in Sachen der Information und der gegenseitigen Unterstützung. Und gerade

---

[104] Siehe dazu vor allem den immer noch hochaktuellen Klassiker von Joseph Weizenbaum *Die Macht der Computer und die Ohnmacht der Vernunft*, Frankfurt M. 1978. Außerdem das bereits erwähnte Buch des Verfassers, *Digitale Zukunft?*, a.a.O.

dadurch wird der Verlust der Sprache als unser eigentliches menschliches Medium wiederum kaum bemerkt bzw. überdeckt!

Der jetzige enorme Bedarf an digitaler Kommunikation sollte deshalb nicht darüber hinweg täuschen, dass wir es hierbei mit einem Ersatzmedium für unsere menschliche Kommunikation zu tun haben, das in zahlreichen Fällen auch dazu dient, die Ängste, die vor allem durch die oben erwähnten fragwürdigen Statistiken verbreitet werden, zu verstärken. Das Unterscheiden von Wahrheit und Falschinformation, von vertrauenswürdigen und unseriösen Quellen wird damit zu einem ganz entscheidenden Kriterium.

In Zeiten der Unabhängigkeit von den digitalen Medien kann diese Unterscheidung allein dadurch gemacht werden, dass man die Inhalte, Nachrichten und Prognosen an der realen und analogen Wirklichkeit überprüft. In der jetzigen Krise jedoch besteht eine fatale Abhängigkeit von den digitalen Informations-und Kommunikationsquellen, weil eine Überprüfung an der realen Wirklichkeit aufgrund der Kontaktsperre und des Darniederliegens des öffentlichen Lebens praktisch unmöglich ist.

Dennoch ist es bei kritischer Nutzung der digitalen Medien möglich, durch permanente Vergleiche und Hinzuziehung anderer Quellen, den Hintergründen der Corona-Krise näher zu kommen und nicht in einseitige Sichtweisen zu verfallen. Denn gerade in der Corona-Krise zeigt sich der enorme Einfluss, den die Wissenschaft auf die Politik haben kann. Es gibt aber nicht „die Wissenschaft", denn diese bildet sich immer erst in der Auseinandersetzung verschiedenster Positionen aus, alles andere wäre unsaubere und nicht seriöse Forschung. Wie bereits *Karl Popper*, der bedeutende Wissenschaftstheoretiker des 20. Jahrhunderts im Hinblick auf die Methode der Wissenschaften gesagt hat, sollte man immer, wenn man eine Lösung für ein Problem vorgeschlagen hat, daran interessiert sein, diese Lösung in Frage zu stellen, anstatt sie zu verteidigen.[105]

Umso größer ist gerade in einer Zeit der totalen Medienabhängigkeit die Gefahr, das ungeprüfte und nicht auf Evidenz basierende Ansichten der Epidemiologen eine unter normalen Verhältnissen so nicht mögliche Deutungshoheit gewinnen und dadurch gesellschaftlichen Schaden anrichten. Daher rät der oben bereits zitierte Dr. Ellis Huber dazu:

„Da durch COVID-19 überwiegend ältere und kranke Menschen versterben, wäre auch ein Vergleich mit anderen akuten respiratorischen Erkrankungen sinnvoll. Die Mitteilung der Coronatoten bezogen auf die sonstigen Todesfälle durch Infektionskrankheiten und andere Ursachen wäre gute Risikokommunikation. Ohne einen Vergleich zum täglichen Sterben in der Bevölkerung wird eine falsche Realitätssicht induziert und den Menschen das Gefühl vermittelt, dass das Corona-Virus die einzige Gefahr für das Leben wäre. Das macht Angst und Stress. Psychosozialer Stress ist ein Faktor, der das individuelle Immunsystem und damit die individuelle wie soziale Abwehrlage auch gegenüber dem Corona-Virus beeinträchtigt. Die Panik, Angst und Einsamkeit entwickelt sich dann zu einem eigenen Krankheitsfaktor insbesondere bei älteren und sozial vernachlässigten Menschen."[106]

Die digitalen Medien tendieren in der Regel dazu, auch nur ein Ausdruck des hier beschriebenen Symptoms der Selbstisolation des Menschen zu sein. Dessen sollte man sich also bei ihrer permanenten Nutzung unbedingt bewusst sein. Umso kritischer sollte man sie nutzen und bestimmte einseitige Auffassungen immer hinterfragen

---

[105]Karl Popper (1902 – 1994) war als jüdischer Wissenschaftler 1937 zunächst nach Neuseeland und dann nach England emigriert. Er hat erlebt, was die Nazis aus „der Wissenschaft", insbesondere aus der Medizin, gemacht haben.
[106] Ellis Huber, *Das Virus, die Menschen und das Leben*, a.a.O.

und anhand anderer Informationsquellen überprüfen. Und umso größer sollte im Anschluss an diese Krise die eigentlich-menschliche Kommunikation durch unsere gesprochene Sprache als das menschliche Medium schlechthin wertgeschätzt, gepflegt und weiter entwickelt werden.

Mit dem Herzen denken – Spirituelle Hilfen zur Überwindung der Corona-Krise

„Niemand ist eine Insel."
John Donne[107]

Fassen wir die oben genannten Symptome, die in der Corona-Krise zum Ausdruck kommen, zusammen, so lassen sich diese auf den folgenden Nenner bringen:

1. Dass das Corona-Virus vor allem die menschliche Lunge, das Organ, mit dem der Mensch am direktesten mit seiner Umwelt in Beziehung steht, angreift, ist kein Zufall.

2. Die Konstitution eines von seiner Umwelt, von den anderen Menschen und von sich selbst isolierten Bewusstseins ist der von *Rudolf Steiner* gemeinte Nährboden, auf dem das Virus sich vermehren und ausbreiten kann. Damit erweist sich die Corona-Krise nicht etwa als eine Naturkatastrophe, sondern als eine vom Menschen selbst ermöglichte, wenn nicht sogar verursachte Pandemie.

3. Die konstitutionelle Isolation des menschlichen Bewusstseins von seiner Umwelt und von sich

---

[107] John Donne war ein englischer Dichter zur Zeit Shakespeares. Das Zitat ist die Anfangszeile eines seiner berühmtesten Gedichte: *No man is an iland*. Das Wort „Iland" bedeutet im Englischen des John Donne so viel wie Eiland, schreibt sich aber ohne *s*. In diesem Sinne bedeutet es zugleich Ich-Land.

selbst schlägt in der Reaktion der staatlich verordneten physischen Selbstisolation auf praktisch alle Menschen dieser Erde zurück und wird dadurch für jeden Menschen direkt erlebbar. Dabei sind jedoch die somit unterbundenen menschlichen Kontakte nicht verantwortlich für diese Pandemie, wie uns durch das Isolationsgebot ja weiß gemacht werden soll, sondern sie bilden nur den Übertragungsweg für eine Erkrankung, die auf dem Wege der Selbstisolation zwar verlangsamt, aber keinesfalls überwunden werden kann!

4. Die aus diesen Maßnahmen erst resultierenden Existenz- und Ansteckungsängste, aber auch der psychosoziale Stress, unter denen viele Menschen dadurch leiden, verstärken die Erkrankungsdisposition zusätzlich. Zugleich werden viele Menschen aber auch sensibel und wach für eine grundlegend notwendige Bewusstseinsveränderung.

5. Die angesichts dieser Krise hervortretenden Symptome einer Erkrankung unseres Bewusstseins werden jedoch durch die zeitgleich in erhöhtem Maße zunehmende digitale Kommunikation weitgehend überdeckt oder auf anderen Wegen betäubt, vor allem durch die permanenten von jeglicher Realität abstrahierenden Statistiken der Epidemiologen des RKI, der Helmholtz-Gemeinschaft und anderer von der Bill & Melissa Gates-Stiftung unterstützen Forschungsinstitute.[108]

6. Der Transhumanismus versucht, diese Symptome wiederum für seine Zwecke zu nutzen, um die Menschheit unter das Diktat einer digitalen, vor

---

[108] Vgl. dazu https://www.youtube.com/watch?v=8TUv07vNZAA . In diesem Video werden die Institutionen, die in Deutschland von der Gates-Stiftung unterstützt werden, aufgelistet.

allem auch biotechnisch-medizinischen Aufrüstung des Menschen zu bringen. Das einzige Heil erscheint in einem neu zu entwickelnden, und ebenfalls von der Gates-Stiftung mit finanzierten Impfstoff, dessen Wirksamkeit auf längere Sicht äußerst fragwürdig erscheint, da sich Viren bekanntermaßen ja immer wieder verändern.
7. Zusammenfassend kann die Corona-Krise somit als der unmittelbare Ausdruck einer tiefgreifenden *Beziehungskrise der Menschheit* und einer *Erkrankung unseres Bewusstseins* bezeichnet werden.

Kommen wir mit dieser Diagnose nun aber zur Frage nach einer möglichen Therapie dieser Erkrankung, denn wie Hölderlin gesagt hat, den wir oben bereits zitiert haben: „Wo aber Gefahr ist, wächst das Rettende auch".

Die Lunge ist glücklicherweise nicht das einzige Organ des mittleren Menschen. *Rudolf Steiner* hat mit der Entdeckung der Dreigliedrigkeit des menschlichen Organismus darauf hingewiesen, dass wir unser Denken und Wahrnehmen auf das Nerven-Sinnes-System stützen, das Fühlen auf die rhythmische Funktionsordnung des Herz/Kreislauf- und Atmungssystems und das Willensvermögen auf das Stoffwechsel-Gliedmaßen-System. Diese drei Systeme sind nicht voneinander getrennt, sondern sie wirken in intensiver Weise zusammen.[109]

Das Entscheidende an diesem Zusammenhang ist, dass das oben beschriebene Symptom der Selbstisolation des Menschen seiner Ursache nach nicht mit der Lunge und unserem Atemsystem zusammenhängt, sondern mit

---

[109] Vgl. zur Bedeutung des rhythmischen Systems und des Herzens im menschlichen Organismus: Johannes Rohen, *Eine funktionelle und spirituelle Anthropologie unter Einbeziehung der Menschenkunde Rudolf Steiners*, Stuttgart 2009, sowie: Armin Husemann, *Die Blutbewegung und das Herz*, Stuttgart 2019.

unserem Kopf, dem Zentrum des Nerven-Sinnessystems. Denn es ist das materialistisches Denken und Vorstellen, das diese Isolation hervorbringt.

Natürlich können wir auf dieses materielle Denken und Vorstellen nicht einfach verzichten, denn es ist zur Gestaltung unseres Alltages und vieler rein praktischer Abläufe notwendig. Auch gäbe es ohne dieses Denken den technischen Fortschritt nicht, der uns von sehr vielen zeitaufwändigen und körperlich anstrengenden Tätigkeiten befreit hat – ganz zu schweigen von den Fortschritten der naturwissenschaftlichen Medizin, die wir ja ebenfalls dringend brauchen. Es braucht aber im Hinblick auf die Zukunft ein neues Denken, das sich seiner ihm innewohnenden spirituellen Kraft bewusst wird, wie dies Michaela Glöckler in ihrem Beitrag angedeutet hat.

Rudolf Steiner weist in seiner spirituellen Anthropologie darauf hin, dass unser Denken nicht nur bezüglich seiner Reflexionsfähigkeit an das Nerven-Sinnessystem gebunden ist. Vielmehr kann der Mensch, wenn er sich die ewige Natur seiner am Gehirn reflektierten Denktätigkeit bewusst wird, auch zu einem Denken kommen, das unmittelbar Zugang zum Herzen hat und uns ermöglicht mit dem Herzen zu denken.[110]

Dieses Denken mit dem Herzen aber bewirkt, dass wir mit unserer lebenden Mitwelt in ein neues, atmendes Verhältnis treten können. Ein solch lebendiges, bewegliches Denken lässt sich durch meditative Übungen so erweitern, dass wir auch unsere Sinneseindrücke viel intensiver erleben und vorstellen. Wir erleben unsere Sinnesorgane dann wie zwischen uns und der Umwelt fein schwingende, Licht und Töne wie ein- und ausatmende Organe. Wir sind dadurch nicht mehr wie im

---

[110] Vgl. dazu das Buch des Verfassers *Denken mit dem Herzen. Wie können wir unsere Gedanken aus dem Kopf befreien?* , Stuttgart 2019.

gewöhnlichen Bewusstsein isoliert von der Welt, sondern wir bemerken, dass das, was sich in unserem solchermaßen *atmenden* Bewusstsein abspielt, zur Welt dazu gehört und wie wir tatsächlich mit ihr verwoben sind.

Einer derjenigen, die diese Art des Denkens und Wahrnehmens vorgelebt und dichterisch verarbeitet haben, war Johann Wolfgang Goethe:

> *Müsset im Naturbetrachten*
> *Immer eins wie alles achten.*
> *Nichts ist drinnen, nichts ist draußen,*
> *Denn was innen, das ist außen…*[111]

Goethe war ein Mensch, der von seiner Mitte aus dachte, und der dadurch das, was er innerlich erlebte, nie getrennt von dem sah, was er außen wahrnahm. Innerlich Erlebtes und äußere Wahrnehmung fielen dadurch für ihn wie in eins zusammen, so wie es physisch beim Atmen in unserer Lunge mit der Luft geschieht.

Es kann an dieser Stelle nicht auf alle die mit dieser neuen Art des Denkens verbundenen zahlreichen Meditationsübungen eingegangen werden. Diese Übungen werden in der anthroposophischen Literatur an vielen Orten beschrieben.[112] Die anthroposophische Meditation geht dabei entweder von einem gedanklichen Mantram oder von einer sinnlichen Wahrnehmung aus und vertieft diese in besonderer Weise.[113]

Als ein leicht zugänglicher und dennoch unbegrenzt

---

[111] Aus dem Gedicht *Epirrhema*.

[112] Einen einführenden Überblick geben Heinz Zimmermann und Robin Schmidt in: *Meditation: Eine Einführung in anthroposophische Meditationspraxis,* Dornach 2015.

[113] Zur Methodik der anthroposophischen Meditation siehe: Georg Kühlewind, *Die Wahrheit tun. Erfahrungen und Konsequenzen des intuitiven Denkens,* Stuttgart 2006.

vertiefbarer Meditationsinhalt sei hier auf die 52 Wochensprüche des „anthroposophischen Seelenkalenders" verwiesen.[114] Diese bieten die Möglichkeit, die jeweilige jahreszeitliche Situation der Natur mit dem eigenen seelischen Erleben von Tag zu Tag und von Woche zu Woche in ein rhythmisch-erlebendes Verhältnis zu bringen. Als ein Beispiel sei hier der Wochenspruch für die vierte Aprilwoche wiedergegeben:

Ich fühle Wesen meines Wesens
So spricht Empfindung,
Die in der sonnerhellten Welt
Mit Lichtesfluten sich vereint;
Sie will dem Denken
Zur Klarheit Wärme schenken
Und Mensch und Welt
In Einheit fest verbinden.

Die Verbindung von Mensch und Welt ist das Leitmotiv und Generalthema dieses Seelenkalenders. Und durch die tägliche Meditation der Wochensprüche kann sich der Mensch tatsächlich mit dem jahreszeitlichen Geschehen in der Natur und im Kosmos auf neue Weise verbinden. Entscheidend dabei ist, dass die Meditation kein Nachdenken über den Inhalt solcher mantrischen Sprüche ist, sondern ein innerliches gedankliches Bewegen, das schließlich nicht mehr in einen gedanklichen Ausdruck, sondern in ein Gefühl hinein mündet – ein Gefühl, das jedoch so klar wie sonst nur ein Gedanke ist. Das Denken mit dem Herzen könnte man deshalb auch als ein *fühlendes Denken und Wahrnehmen* bezeichnen.[115]

---

[114] Rudolf Steiner, *Die Wochensprüche des anthroposophischen Seelenkalenders im Doppelstrom der Zeit*, mit einem Nachwort hrsg. von Michael Debus, Dornach 1998.
[115] Vgl. dazu Georg Kühlewind, *Wege zur fühlenden Wahrnehmung*, Stuttgart 2019.

Setzen wir also dem drohenden Erstickungstod, nicht nur dem physischen, sondern vor allem dem seelisch-geistigen Erstickungstod der Menschheit das mit den Sinnen atmende Herzdenken entgegen!

Zusammenfassend kann diese meditative Tätigkeit mit einem Auszug aus einer weiteren Meditation, der von Rudolf Steiner gegebenen „Grundsteinmeditation" beschrieben werden:[116]

> *Menschenseele!*
> *Du lebest in dem Herzens-Lungen-Schlage,*
> *Der dich durch den Zeitenrhythmus*
> *In's eigne Seelenwesensfühlen leitet:*
> *Übe Geist-Besinnen*
> *Im Seelengleichgewichte,*
> *Wo die wogenden Welten-Werde-Taten*
> *Das eigne Ich*
> *Dem Welten-Ich*
> *Vereinen;*
> *Und du wirst wahrhaft fühlen*
> *Im Menschen-Seelen-Wirken.*

Der Tod ist nicht das Ende - Vergesst die Verstorbenen nicht!

Auf eines muss in dieser Krise jedoch noch in besonderer Weise hingewiesen werden: Der Tod, der uns plötzlich so nahe rückt, und der bisher aus den meisten politischen und vor allem wirtschaftlichen Szenarien beständig ausgeblendet wurde, ist nicht das Ende! Der Tod ist deshalb auch nicht etwas, das es zu fürchten gälte. Er

---

[116] Die vollständige Meditation findet sich in: Rudolf Steiner, *Die Grundsteinlegung der Allgemeinen Anthroposophischen Gesellschaft*, Dornach 1986.

erinnert uns nur daran, dass uns das Leben nicht als etwas geschenkt wurde, das wir festhalten und besitzen könnten, sondern das uns die Möglichkeit gibt, hier auf Erden etwas zu tun, eine Aufgabe zu ergreifen, um die irdischen Gegebenheiten zu verwandeln, mithin auch uns selbst.

Der Tod eröffnet deshalb mit dem Ende des irdischen Daseins neue Möglichkeiten, indem die im Irdischen errungenen Fortschritte die Keime für ein zukünftiges Erdenleben bilden. Nur wenn alt Gewordenes losgelassen wird, kann daraus Neues entstehen.

Leider ist es aufgrund der gegenwärtig täglich grassierenden Statistiken üblich geworden, die Verstorbenen einfach nur aufzuzählen und sie damit gewissermaßen abzuhaken: Tod = Ende! Dieses materialistische Gebaren führt erstens dazu, dass sich die Lebenden nicht mehr für diese Verstorbenen interessieren, weil sie ja rein materiell nicht mehr am irdischen Leben teilhaben, also nicht mehr von Bedeutung zu sein scheinen. Und zweitens wird dadurch suggeriert, der Tod sei tatsächlich das Ende, es gäbe also im Menschen nichts, was über den Tod hinausreichen und weiter bestehen könnte.

Beides ist aber aus der Sicht der Anthroposophie ein fataler materialistischer Trugschluss. Denn unser eigentliches, geistiges Wesen besteht eben nicht nur aus dem an unseren Kopf gebundenen Verstandesdenken. Dieses hört selbstverständlich mit dem Tode auf, weil ja seine materielle Grundlage, das Gehirn nicht mehr vorhanden ist. Unsere Gedanken, Gefühle und Taten aber wirken auch nach dem Tode weiter. Denn der Träger aller dieser seelischen Äußerungen ist unsere Seele und unser unsterblicher Geist.

Jedem Menschen ist es daher auch möglich, mit seiner Seele und mit seinem Geist sich mit den Verstorbenen in Beziehung zu setzen. Wir können nicht nur an sie denken, sondern uns auch ihrer erinnern, uns bestimmte Momente, in denen wir ihnen nahe waren, wieder ins Bewusstsein rufen und nacherleben.[117] Dazu sind auch wiederum Mediationssprüche hilfreich, wie etwa der folgende:

> *Ich schaue auf Dich in der geistigen Welt,*
> *In der Du bist.*
> *Meine Liebe lindre Deine Wärme,*
> *Meine Liebe lindre Deine Kälte.*
> *Sie dringe zu Dir*
> *Und helfe Dir,*
> *Zu finden den Weg*
> *Durch des Geistes Dunkel*
> *In des Geistes Licht.*[118]

Die Verbindung zu den Verstorbenen aufrecht zu erhalten ist also eine weitere Möglichkeit, uns aus der durch den Materialismus bewirkten Selbstisolation zu befreien. Damit erweisen wir nicht nur den Verstorbenen einen großen Dienst, sondern letztlich auch uns selbst.

Vorbeugen für die Zukunft

Dank einer womöglich weisen Anordnung der deutschen Regierung herrscht in Deutschland ja kein „Ausgangsverbot", nein, es besteht lediglich ein „Kontaktverbot"![119]

---

[117] Über das Leben nach dem Tod und den Umgang mit den Verstorbenen hat Rudolf Steiner ausgesprochen ausführlich gesprochen und sich in zahlreichen Vorträgen immer wieder dazu geäußert. Vgl. den Auswahlband *Leben nach dem Tod*, hrsg. von Hans Stauffer, Dornach 2009.

[118] Weitere Sprüche für die Verstorbenen finden sich in: Rudolf Steiner, *Der Tod – die andere Seite des Lebens. Wie helfen wir den Verstorbenen?*, hrsg. von Ulla Trapp, Dornach 2017.

[119] Diese Gegenwartsperspektive beschreibt den Zustand zur Zeit der Abfassung dieser Schrift.

Merkwürdig: denn dieses Kontaktverbot gilt nur für die Menschen untereinander, nicht jedoch für die Natur! Ich kann, gegebenenfalls sogar in Begleitung von Familienangehörigen, wenn schon nicht mehr zu anderen Menschen, zu Konsumgütern oder Kulturveranstaltungen, immer noch und vielleicht sogar verstärkt, Kontakt zur Natur aufnehmen. Ja ich kann, wenn ich dazu Lust habe, mir sogar einen Zeichenblock mitnehmen und meine Naturbeobachtungen mit einem Stift und vielleicht sogar mit Farben „en plein air", wie man sagt, festhalten und mich dadurch noch besser mit diesen Natureindrücken verbinden. Hinzu kommt, dass die Luft aufgrund der stark reduzierten Luftverschmutzung momentan viel klarer ist als sonst, so dass auch die Farben viel lebendiger wirken.

Ich kann den jetzt gerade mächtig heran drängenden Frühling wahrnehmen, das Spießen und Sprossen der Blumen auf den Wiesen, der Blattknospen an den Bäumen, der Blüten überall, das morgendliche Konzert der Vögel, den Segelflug der Bussarde über mir und selbst in der Stadt Wildtiere wie Füchse und Rehe, all das kann ich wahrnehmen und bemerken:

Die Natur atmet auf, sie kann angesichts der Zwangspause, die uns Menschen jetzt auferlegt ist, wieder aufleben fordert uns dazu auf, unsere uns scheinbar verlorenen gegangenen Kräfte aus dem Reichtum der natürlichen Sinneserfahrungen neu zu erschaffen.

Und nicht nur das, die Natur scheint uns in aller ihrer Schönheit und prachtvollen Blüte auch zu fragen:

Und Du, oh Mensch, was ist nun Dein Beitrag zur Schöpfung, die Du als so weisheitsvoll und schön vor Dir ausgebreitet siehst? Was trägst Du nun dazu bei, dass diese Schöpfung sich weiter entwickeln kann?

So wird jetzt ein neuartiges, schöpferisches Verhältnis zur Natur geradezu herausgefordert, und es ist gerade in dieser Krise auf besondere Art und Weise möglich, durch das neue atmende Denken und Wahrnehmen mit dem Herzen der Natur etwas Moralisches hinzuzufügen und diese dadurch neu zu beleben. Dadurch aber könnte die COVID-19 des Atmungssystems, in der sich die oben beschriebene tiefgreifende Beziehungskrise offenbart, der Ausgangspunkt einer umfassenden Erneuerung menschlicher Beziehungen überhaupt werden.

Denn anders als bei der Tschernobyl-Katastrophe oder bei der Katastrophe in Fukushima kommt die Bedrohung nicht aus einer radioaktiven Verseuchung der Umwelt, sondern die Bedrohung, so makaber das auch klingen mag, geht von den Menschen selbst aus, weil wir es sind, die das Virus beherbergen und übertragen.

Und ebenso klar, wie man jetzt auf die Natur blicken kann, zeigt sich auch unsere menschliche Gesellschaft. Es offenbaren sich in dieser Krise all ihre Schwächen und Fehler, aber auch das ungeheuer große Potenzial, das uns Menschen gegeben ist, uns selbst und unsere Gesellschaft so zu verändern, dass unsere wahre Menschlichkeit sich in ihr offenbaren kann. In diesem Sinne ist diese Krise auch ein Aufruf an die Menschheit zu schöpferischer Selbsterkenntnis.

Denn eine gesamtgesellschaftliche soziale Isolation dieses Ausmaßes, mit den jetzigen wirtschaftlichen Schäden und staatlichen Ausgleichzahlungen ist aufgrund der Erschöpfung der staatlichen Geldquellen sowie der extremen wirtschaftlichen Belastung fast aller Wirtschafts- und Kulturzweige in dem jetzigen Ausmaß ein zweites Mal auf keinen Fall machbar! Und dennoch wird uns das Corona-Virus nicht so schnell verlassen!

Das heißt aber, dass sich unsere Gesellschaft, auch im Sinne ihrer freiheitlichen Verfasstheit in der nahen Zukunft auf andere Weise gegen solche Pandemien, schützen können muss als durch derartige Isolationsmaßnahmen, wie sie seit Mitte März 2020 staatlicherseits verordnet worden sind! Es sei denn, man wollte sich tatsächlich in die Richtung eines totalitären Überwachungsstaates nach dem Modell Chinas entwickeln. Allein daraus ergibt sich nicht nur die besondere Bedeutung der hier dargestellten Möglichkeiten der anthroposophischen Geisteswissenschaft und Medizin, sondern auch eine Verantwortung, sich dieser Mittel, die jedem Menschen frei zugänglich sind, zu bedienen!

Vor allem aber ergibt sich daraus eine Grundforderung an uns alle: Es darf nach dieser Krise nicht so weiter gehen wie zuvor! Möge die Corona-Krise zu einer Einsicht in und zur Überwindung der hier beschriebenen menschheitlichen Beziehungskrise und der Heilung unseres erkrankten Bewusstseins beitragen und möglichst vielen Menschen den Weg zu einer Bewusstseinsveränderung in dem oben beschriebenen Sinne eröffnen:

Göttliches Licht,
Christus-Sonne,
Erwärme unsere Herzen;
Erleuchte unsere Häupter;
Dass gut werde,
Was wir aus Herzen
Gründen,
Aus Häuptern
Zielvoll führen wollen![120]

---

[120] Dies ist das Schlussmantram der Grundsteinmeditation von Rudolf Steiners und eine Art Gebet für die Menschheit.

HARTMUT RAMM

ZUR KOSMOLOGISCHEN SYMPTOMATOLOGIE VON GRIPPE-PANDEMIEN

Eine neue Pandemie

Am 17. März 2020 publizierte das „Global Journal of Medical Research" einen Artikel zur Übertragung und Prävention der Lungenkrankheit COVID-19.[121] Neben Hypothesen, wie das Corona-Virus nach Wuhan[122] gelangt sein und was dort die Mutation von Viren gefördert haben könnte, macht der südkoreanische Autor auch auf die zeitliche Koinzidenz mit dem Minimum der Sonnenflecken-Aktivität aufmerksam. Derselbe Autor hatte allerdings kurz zuvor in einem anderen Beitrag Sonnenflecken-Maxima und damit zusammenhängend verstärkte physikalische Strahlung als Hintergrund für die SARS-Pandemie von 2002/3 wie auch die 2012 auf der arabischen Halbinsel ausgebrochene MERS-Epidemie postuliert[123]. Die beiden Artikel verdeutlichen eine

---

[121] TJ Kim, *Transmission and Prevention of Wuhan Coronavirus Disease 2019 (COVID-19) under Minimum Sunspot Number.* Global Journal of Medical Research, Vol. 20, No. 3-F (2020), pp. 13-33.

[122] Wuhan ist die Hauptstadt der chinesischen Provinz Hubei, die - wenn nicht geographisch, so doch für viele Chinesen gefühlt - im Herzen des Landes liegt. Die Stadt genießt im kollektiven Bewusstsein des neuen China insofern hohe Verehrung, als am 10. Oktober 1911 von Wuhan aus die Xinhai-Revolution ihren Siegeszug nach Beijing antrat, in dessen Folge der Kaiser zurücktrat und die revolutionären Kräfte unter Führung des Arztes Sun Yat-sen Anfang 1912 die Republik China ausriefen.

[123] TJ Kim, *Spanish Flu, SARS, MERS-CoV by CO2 Emission and Maximal Sunspot Number.* Journal of Biomedical Science and Engineering, Vol.12 No.1, January 2019, pp. 53-75.

Problematik, die bereits seit einem Jahrhundert Fragen aufwirft: Die Grippe tritt während maximaler Sonnenflecken-Aktivität gehäuft pandemisch auf, was insbesondere für die schweren Grippepandemien von 1918, 1957 und 1968 zutrifft. Andere, wenngleich weniger verheerende Pandemien fielen aber auch mit Sonnenflecken-Minima zusammen, wie etwa die 1890 einsetzende Influenza-Pandemie und weitere pandemische Grippe-Erkrankungen im 18. und 19. Jahrhundert.

Dies traf insbesondere für die Hongkong-Grippe zu, die 1997 im Jahr nach dem Sonnenminimum ausbrach: Mit dem Virus infizierte Personen zeigten eine extrem hohe Todesrate, doch konnte die befürchtete Pandemie durch das Töten von 1.5 Millionen Geflügeltieren im Keim erstickt werden. Und nun begann Ende 2019 auch die COVID-19-Pandemie, als die Sonne bereits seit mehreren Monaten überwiegend frei von dunklen Flecken war.

Etwas Licht in die widersprüchlichen Phänomene brachten 2017 der Chinese *Jiangwen Qu* und der aus Sri Lanka stammende Astrobiologe *N. Chandra Wickramasinghe*. In ihrem Artikel über *SARS, MERS und der Sonnenflecken-Zyklus*[124] postulierten sie, die Aktivität der Sonne fördere das Entstehen hochpathogener Viren auf zweierlei Art: Während Sonnenflecken-Maxima wirke verstärkt die mutationsfördernde UV-Strahlung der unruhigen Sonne, während Sonnenflecken-Minima hingegen – als Folge des schwach ausgeprägten solaren Magnetfelds – die energiereiche kosmische Strahlung aus dem Weltall. Es geht also weniger um ein „entweder – oder", sondern um das „sowohl – als auch" der beiden Extreme – nämlich Maxima und Minima – von Sonnenzyklen.

---

[124] Jiangwen Qu, N. Chandra Wickramasinghe, *SARS, MERS and the sunspot cycle. Current Science*, Vol. 113, No. 8, 25 October 2017, pp. 1501-1502.

Dieselben Autoren ergänzten im August 2018, dass das Erdmagnetfeld, das die energiereiche kosmische Strahlung zurückhält, dessen Stärke aber in den letzten 170 Jahren kontinuierlich abnahm, in den letzten Jahren zusätzlich an Intensität verlor.[125] Dadurch sei in bestimmten Regionen – insbesondere Südamerika – das Eindringen kosmischer Strahlung zusätzlich erleichtert. Im Dezember 2018 schließlich fragten Qu und Wickramasinghe, ob wir auf eine neue Pandemie zugehen, und lieferten drei Argumente: steigende Grippe-Infektionen in der Saison 2017/18; das Großwetterereignis La Niña, das auch mit vorangehenden Grippepandemien koinzidiert hatte; und schließlich das bevorstehende Sonnenflecken-Minimum als ein für Pandemien förderliches Extrem von Sonnenzyklen.[126]

Kosmologische Symptome

Bereits im Oktober 1918, also während der „Spanischen" Grippe, machte Rudolf Steiner auf diesen kosmologischen Hintergrund von Epidemien und Pandemien aufmerksam.[127] Besonders wichtig sei

„der rhythmische Gang der kosmischen Ereignisse. Der muss studiert werden. Es muss gefragt werden: In welcher kosmischen Konstellation lebten wir, als in den achtziger Jahren die heutige Grippe in der milderen Form der Influenza auftrat? In welcher Konstellation kosmischer Natur leben wir jetzt? Wie vollzieht sich der kosmische Rhythmus, da die damalige Influenza in der etwas härteren Form der Grippe auftritt? So

---

[125] Jiangwen Qu, N. Chandra Wickramasinghe, *Weakened magnetic field, cosmic rays and Zika virus outbreak. Current Science*, Vol. 115, No. 3, 10 August 2018, pp. 382-383.
[126] N. Chandra Wickramasinghe, Jiangwen Qu, *Are We Approaching a New Influenza Pandemic?* Virol Curr Res 2018, 2:2.
[127] Vgl. hierzu den Beitrag des Verfassers *Zur kosmologischen Symptomatologie der Grippe*, in: *Der Merkurstab*, Heft 5, 1998, 51. Jg., S. 270-278.

wie Rhythmus gesucht werden muss hinter der historischen Symptomenreihe, so muss ein gewisser Rhythmus gesucht werden hinter dem Auftreten gewisser epidemischer Krankheiten."[128]

Ohne kausale Zusammenhänge auszusprechen, geht er dann auf *ein* kosmisches Phänomen konkret ein: die rhythmisch auftretenden Sonnenfleckenperioden – und erläutert zunächst, warum mit diesem kosmologischen Symptom durchaus auch *„das Auftreten gewisser pathologischer Impulse im Temperamentenleben selbst zusammenhängt"*. Dann postuliert er:

„Die Menschen werden auch dadurch erst auf dem Gebiete des Sanitätswesens, der Hygiene, der Medizin zu etwas kommen, wenn sie auf diesem Gebiete nunmehr eine (…) kosmologische Symptomatologie treiben. Denn dasjenige, was auf der Erde als Krankheiten lebt, das wird uns vom Himmel heruntergeschickt."

Ein Zusammenhang zwischen „Spanischer" Grippe und Sonnenflecken erscheint insofern klar, als sich die Sonne 1918 im Maximum ihrer Fleckenaktivität befand. Zehn Jahre später untermauert dann *Alexander Tschischewski*, russischer Begründer der Heliobiologie, mit seiner Studie *„Über die Wechselbeziehungen zwischen der periodischen Tätigkeit der Sonne und den Grippe- und Cholera-Epidemien"*[129] die von Steiner beleuchtete Korrespondenz von Sonnenflecken und Grippepandemien.

Die Tätigkeit der Sonne, als damals gebräuchlicher Begriff für die Sonnenflecken-Aktivität, spricht Steiner 18 Monate später im ersten Medizinerkurs an, in dem er wiederholt auf die noch immer anhaltende Pandemie zu sprechen kommt[130] und vor den Ärzten dann auch die

---

[128] R. Steiner, *Geschichtliche Symptomatologie*. 20. Oktober 1918, GA 185, S. 79ff.

[129] In: *Deutsch-Russische Medizinische Zeitschrift*. Vol. III. Nr. 9.

[130] Am 1. April 1920 mahnt Steiner beispielsweise: „Und vergessen wir auch nicht, dass eine andere Erscheinung von großem Interesse

kosmologische Disposition für die Grippe thematisiert:
„Denken Sie sich, man hätte es einmal zu tun in einem Winter mit einer starken Beeinflussung der Sonnentätigkeit – ich sage jetzt nicht der Lichtwirkung, sondern der Sonnentätigkeit – durch die äußeren Planeten Mars, Jupiter, Saturn. Eine solche Winterkonstellation wirkt anders, als wenn die Sonnentätigkeit durch das Fernabstehen von Mars, Jupiter und Saturn für sich allein zur Geltung kommt. Wenn ein solcher Winter da ist – man kann es schon bemerken an den atmosphärischen Erscheinungen, sie sind anders, als sie sonst sind –, dann wird ein starker Einfluss bei dazu disponierten Personen geübt auf die rhythmische Tätigkeit, die zwischen Brust und Kopf verläuft und die ihren gröbsten Ausdruck in der Atmungstätigkeit findet. (…) Diese Dinge müssen durchaus da sein, wenn der besondere Grund und Boden für so etwas wie für Influenza und Grippe geschaffen werden soll."[131]

Das im Oktober 1918 angesprochene kosmologische Symptom rhythmisch erscheinender Sonnenflecken ist demnach durch das Verhältnis von Sonnentätigkeit und obersonnigen Planeten zu ergänzen. Was ein Fernab- oder Nahestehen von Saturn, Jupiter und Mars gegenüber der Tätigkeit der Sonne bedeuten kann, lässt sich zumindest ansatzweise erschließen beim Vergleich der kosmischen Rhythmen, die 1918 mit der bis anhin verheerendsten Grippepandemie, 1890 dagegen mit einer leichteren „Influenza" einhergingen: 1918 war die Sonne im Maximum ihrer Flecken-Tätigkeit, 1890 hingegen noch fast im Minimum; 1918 bewegte sich Jupiter auf Saturn zu

---

in der Gegenwart sein muss, das ist diese, dass ja zweifellos selbst so etwas wie die gewöhnliche Grippe, wie sie heute auftritt, eine höchst eigentümliche Eigenschaft hat. Sie weckt nämlich schlafende Krankheiten…". In: *Geisteswissenschaft und Medizin*, GA 312, 8. Aufl., 2020, S. 220. Was damals als schlafende Krankheit galt, ist heute durch moderne Diagnostik als Vorerkrankung bekannt und – neben dem Alter der Menschen – ein häufig genannter Faktor für das Sterben im Zusammenhang mit COVID-19.

[131] In: *Geisteswissenschaft und Medizin*, Vortrag vom 7. April 1920, GA 312, 8. Aufl., 2020, S. 328f.

(Abstand ca. 45°) und erreichte die Große Konjunktion am 10. September 1921; dagegen war Jupiter 1890 rund 140° von Saturn entfernt und lief auf die Opposition zu.

Ähnlich wie 1918 herrschte auch 1957 während der Asiatischen Grippepandemie, die weltweit zwei Millionen Todesopfer forderte, nicht nur ein Sonnenflecken-Maximum (das stärkste seit Beginn der Aufzeichnungen im Jahr 1610), sondern es näherten sich auch Jupiter und Saturn einander an (Abstand 51°); sie erreichten ihre Große Konjunktion am 20. Februar 1961. Anders war die Situation 1968, als die Grippepandemie zwar erneut im Sonnenflecken-Maximum eintrat, Jupiter sich allerdings schon weit (130°) von Saturn entfernt hatte und auf die Opposition zuging. Als 1977 eine etwas schwächere Grippepandemie einsetzte, waren Jupiter und Saturn wiederum auf dem Weg zur Großen Konjunktion (Abstand 50°), und die Sonnentätigkeit war gut ein Jahr nach dem Minimum im Anstieg zum Fleckenmaximum begriffen.

Als Ende 1997 das besonders letale Virus der Hongkong-Grippe auftrat, befand sich die Sonne gut ein Jahr nach dem Minimum zwar erst im Anstieg zu vermehrter Fleckentätigkeit, doch war Jupiter in Annäherung an Saturn (58°) bereits unterwegs zur Großen Konjunktion, die am 6. Juni 2000 eintrat. Indifferent erscheint die Situation für die SARS-Pandemie von 2002/03 – gut zwei Jahre nach dem Sonnenmaximum von März 2000 und der Großen Konjunktion – wie auch die 2012 einsetzende MERS-Epidemie, die zwei Jahre vor dem Fleckenmaximum begann, als Jupiter und Saturn nach ihrer Opposition noch immer relativ weit voneinander entfernt waren.

Der Vergleich kosmologischer Symptome von 1918 und 1890 legt nahe, dass Grippepandemien gehäuft auftreten, wenn sich die Sonne im Fleckenmaximum befindet und der Abstand von Jupiter und Saturn sich vor der Großen

Konjunktion verdichtet. Versteht man die obersonnigen Planeten als Ausdruck für das menschliche Haupt, die Sonne dagegen als kosmisches Bild für das menschliche Herz, ließe sich diese Konstellation als kosmologische Disposition für einen gestörten Kopf-Brust-Rhythmus ableiten, dass eine sich verdichtende Kopforganisation ein stark beunruhigtes Herz bedrängt.

Die gegenwärtige Pandemie ist gekennzeichnet durch eine neuartige kosmologische Symptomatologie: Anders als bei den großen Grippepandemien des 20. Jahrhunderts befindet sich die Sonne im Minimum ihrer Flecken-Tätigkeit; Jupiter und Saturn dagegen sind Anfang 2020, als sich COVID-19 pandemisch ausweitet, mit rund 14° bereits so nahe wie nie zuvor während einer Grippepandemie; ihre Große Konjunktion wird am 21. Dezember 2020 eintreten. Außerdem handelt es sich um eine „Winterkonstellation": Ende 2019, Anfang 2020 wanderte die Sonne im Schützen an Jupiter und Saturn vorbei, im Dezember 2020 bewegt sie sich erneut im Schützen auf die Große Konjunktion zu und befindet sich am 26. Januar 2021 genau zwischen Jupiter und Saturn. Indem sich der Abstand der obersonnigen Planeten zum „Nahestehen" verdichtet, entspricht der kosmische Rhythmus der gegenwärtigen SARS-Cov2-Pandemie demjenigen der meisten früheren Pandemien; dass sich gleichzeitig die Sonne im Minimum ihrer Fleckentätigkeit befindet, ist dagegen ein Novum.

Zu beachten ist, dass Rudolf Steiner am 7. April 1920 das Feld zu berücksichtigender Grippe-Faktoren nicht nur in kosmologischer Hinsicht erweitert, sondern auch zusätzliche irdische Faktoren genannt hat. Dazu gehört vor allem die unterschiedliche Disposition bestimmter Menschengruppen: Anfälligkeit oder Robustheit für einen gestörten Kopf-Brust-Rhythmus kann schon bei der Geburt angelegt sein, entweder genetisch oder auch kosmologisch bedingt durch die Ruhe oder Unruhe der

Sonnentätigkeit während der neun Monate zwischen Konzeption und Geburt.[132] Zudem werde die Lunge – als Organ der Atmung und der intensivsten Verbindung mit der Erde – in hohem Maße durch den geologischen Untergrund beeinflusst;[133] auch können die Effekte von Sonnenflecken je nach Geologie in bestimmten Regionen unterschiedlich sein.[134] Hinzu kommt – was damals noch keine derart große Rolle spielte wie heute – die Belastung der Lunge durch verschmutzte Luft.

Das ruhige Weltenherz

Verstehen wir die Sonne als Weltenherz und versuchen ihre Aktivität im Verlauf eines elfjährigen Zyklus zu erfühlen, können wir erleben, wie sie aus einer Phase ohne Flecken und Eruptionen, in der ihre Oberfläche ruhig ist und gleichmäßig Licht abstrahlt, allmählich übergeht in eine Phase, wo immer mehr dunkle Flecken erscheinen, immer häufiger Eruptionen auftreten, die Lichtblitze abstrahlen und sogar Plasmawolken fortschleudern, bis sie schließlich in eine Phase intensivster Befleckung eintritt, das Maximum ihrer Tätigkeit, wo sie

---

[132] Vgl.: Roll Skjærvø G, Fossøy F, Røskaft E. 2015 *Solar activity at birth predicted infant survival and women's fertility in historical Norway*. Proc. R. Soc. B 282: 20142032. http://dx.doi.org/10.1098/rspb.2014.2032. Dazu auch: Juckett A D, Rosenberg B, *Correlation of Human Longevity Oscillations with Sunspot Cycles*. Radiation Research: March 1993, Vol. 133, No. 3, pp. 312-320. https://doi.org/10.2307/3578215.

[133] Vgl.: R. Steiner, *Geisteswissenschaft und Medizin*, 29. März 1920. GA 312, 8. Aufl., 2020, S. 180f.

[134] Vgl.: Mendoza B, Sánchez de la Peñab S, *Solar activity and human health at middle and low geomagnetic latitudes in Central America*. Advances in Space Research, Vol. 46, 4, 16 August 2010, pp 449-459. Vgl. auch: R. Steiner, *Geschichtliche Symptomatologie*. 20. Oktober 1918, GA 185, 1987, S. 80.

in allergrößte Unruhe versetzt ist: Immer dichter folgen starke Eruptionen und Strahlungsblitze aufeinander und werden riesige Plasmawolken in die kosmische Umgebung geschleudert, die – wenn sich die Erde in der entsprechenden Richtung bewegt –, direkt oder vermittelt durch das Erdmagnetfeld bis tief in die irdischen Verhältnisse wirken können, so dass die Erde selber ebenso in Unruhe gerät wie das heftig pochende Weltenherz. Das spiegelt sich dann in allen Naturreichen wider, am stärksten in der unbelebten Natur und der Pflanzenwelt, weniger stark in der Tierwelt und – abgesehen von dafür sensiblen Individuen oder Gemeinschaften – am geringsten in der vom Kosmos weitgehend emanzipierten Menschheit.[135]

Nach der Phase maximaler Befleckung und Aktivität, die ein bis zwei Jahre andauern und mehrere Intensitätsgipfel haben kann, beruhigt sich das Weltenherz allmählich wieder; diese Beruhigung dauert in der Regel länger als das Aufkommen der Unruhe, ist aber nicht selten von besonders großen Flecken und starken Eruptionen durchsetzt. Erst nach einigen Jahren erlangt die Sonne schließlich wieder einen ausgeglichenen Zustand der Ruhe, in dem sie wochenlang frei ist von dunklen Flecken und gleichmäßig ihr Licht abstrahlt.

Wenn das Weltenherz ruhig und das Magnetfeld der Sonne nicht besonders stark ist, treffen auf die Erde auch die physikalischen Einflüsse aus dem übrigen Weltall – energiereiche Strahlung von den Sternen des Tierkreises und aus anderen Sternenregionen. Ist die Sonne dagegen unruhig und ihr eigenes Magnetfeld kräftig, dann ist die Erde viel stärker den Einflüssen ausgesetzt, die direkt von der Sonne selber kommen und sich – esoterisch betrachtet – als eine Art Verdauen und Sich-Befreien von

---

[135] Vgl. H. Ramm, *Der Sonne dunkle Flecken,* Dornach 1998; S. 33-44 & S. 315-323.

verhärtenden Schwerekräften ausnehmen, die physikalisch als magnetische Unruhe, vorangehend als Disharmonie in den im Sonneninnern harmonisch schwingenden Klangstrukturen zu verfolgen sind.[136]

So wie des Menschen Fähigkeit zu ruhiger, kreativer Gedanken- und Ideenbildung einhergeht mit einem ruhigen, ausgeglichenen Herz- und Atemrhythmus, sind Zeiten, in denen die Sonne als Weltenherz ruhig und entspannt ist und gleichmäßig ihr Licht abstrahlt, für die Menschheit auf der Erde Phasen, in denen neue Ideen leichter wirksam werden und Veränderungen, denen lange Zeit Widerstand entgegentrat, sich plötzlich wie von selbst verwirklichen lassen. Zudem kann die Menschheit die Zeit der ruhigen Sonne nutzen, um sich auf die stürmischen Zeiten vorzubereiten, die vier, fünf Jahre später im Sonnenflecken-Maximum auf sie zukommen werden. Denn mit der unruhigen Sonne kann in bestimmten Menschengemeinschaften eine große soziale Unrast – mit Steiners Worten ausgedrückt: ein pathologisches Temperamentenleben – einhergehen. Das zeigt sich in vielfältigen historischen Betrachtungen als das Auftreten von Revolutionen, Kriegen und anderen gewaltgetragenen Aktionen.

Als „historische Symptomatologie" lässt sich dies in der Entwicklung der Sowjetunion zwischen 1917 und 1991 besonders gut nachvollziehen: Immer dann, wenn die Sonne im Maximum war, spiegelte sich die erhöhte Fleckenaktivität in sozialer Unrast wider, gab es Revolutionen (1917, 1991), Aufstände (1956, 1968), gewaltsame Aktionen nach innen (1927, 1936) oder Besatzungen und Kriege nach außen (1949, 1979). Auf der anderen Seite vollzogen sich alle Führungs- und politischen Richtungs-

---

[136] A.a.O., S. 111-139. Während ein sichtbarer Sonnenfleckenzyklus im Mittel 11 Jahre dauert, beträgt die Länge eines magnetischen Zyklus' rund 19 Jahre.

wechsel in der Sowjetunion, wenn die Sonne im Fleckenminimum war: Lenin starb 1924, Stalin 1953, Chruschtschow wurde 1964 abgesetzt, Gorbatschow kam 1985 an die Macht, nachdem Breschnew im Sonnenminimum von 1976 trotz schwerer Krankheit nicht abgelöst werden konnte.[137]

Den Unterschied von Sonnenmaxima – korrespondierend mit sozialer Unrast – und Sonnenminima – korrespondierend mit ruhiger Ideenentfaltung – begründet Rudolf Steiner spirituell folgendermaßen: Das Erscheinen vieler Flecken auf der Sonne sei stets ein Zeichen dafür, dass geistige Wesenheiten, deren äußere Erscheinung wir in den Planeten wahrnehmen können – „Planeten-Intelligenzen" wurden sie im Mittelalter noch genannt – angeführt von der Saturn-Wesenheit, sich in Opposition zur Sonnen-Intelligenz des Erzengel Michael stellen.[138] Während maximaler Sonnenflecken-Aktivität ist demnach der Michael-Einfluss durch opponierende Planeten- und vor allem Saturn-Einflüsse geschwächt, während der Michael-Einfluss in fleckenfreien Sonnenperioden den Menschen auf der Erde ungestört zukommen kann.

In dieser Phase befindet sich die Sonne seit etwa zwei Jahren: 2018 war sie an 221 Tagen, 2019 sogar an 281 Tagen vollkommen fleckenfrei, auch 2020 traten bis April nur an 27% der Tage ein, zwei kleine Flecken auf, die aber schnell wieder verschwanden.[139] Wie anders wäre wohl die aktuelle Corona-Krise zu erleben, wenn die Sonne sich im Maximum ihrer Fleckenaktivität befände?

---

[137] A.a.O., S. 174-181.

[138] In: *Esoterische Betrachtungen karmischer Zusammenhäng, III: Die karmischen Zusammenhänge der anthroposophischen Bewegung*, Vortrag vom 8. August 1924; GA 237, 8. Aufl., 1991, S. 170f.

[139] Tagesaktuelle Sonnendaten sind zu finden unter https://spaceweather.com/, in Echtzeit nachvollziehbar ist die Sonnenaktivität unter https://legacy.helioviewer.org/ - Download unter: http://www.jhelioviewer.org/.

Wenn ihre Tätigkeit mit sozialer Unrast auf der Erde einherginge? Wenn große Naturkatastrophen und noch mehr Kriege den medialen Alltag beschäftigen würden? Anders gesagt: Wenn die ruhige Sonne uns schon ermöglicht, die gegenwärtige Herausforderung einer globalen Pandemie mit all ihren Auswirkungen auf Gesundheit, soziales Leben und Wirtschaft verhältnismäßig ruhig zu bewältigen – welche neuen Ideen, die wir vielleicht schon lange mit uns tragen und vergeblich gegen Widerstände zu verwirklichen suchten, können jetzt auf fruchtbaren Boden fallen? Welche neuen Gewohnheiten können wir gemeinsam entwickeln, um in den anwachsenden Krisen – von Flüchtlingsdramen über weltweiten Hunger und tiefe soziale Gräben in den Zivilgesellschaften bis zum offensichtlichen Klimabruch – tätig Abhilfe zu schaffen? Und: Wie können wir uns selbst in dieser Krise neu sowohl in uns selbst als auch in der Gesellschaft wahrnehmen und einbringen?

Die umfassende Konjunktion vom 13. Januar 2020

Eine weitere kosmologische Signatur dieser Pandemie ist die eindrucksvolle Planetenkonstellation, die sich am 13. Januar 2020, elf Monate vor Eintritt der Großen Konjunktion von Jupiter und Saturn, am Himmel vollzog: Die Sonne war Ende Dezember 2019 an Jupiter vorübergezogen und trat am 13. Januar 2020 in Konjunktion mit Saturn. Bereits am Tag zuvor hatte der in engem Abstand um die Sonne „kreisende" Merkur seine Konjunktion mit Saturn erreicht. Gleichzeitig trat Merkur in Konjunktion mit Pluto, mit dem Saturn wenige Stunden später ebenfalls seine Konjunktion hatte. Die Sonne ihrerseits erreichte die Konjunktion mit Pluto zwei Stunden, bevor sie von der Erde aus gesehen Saturn vollständig bedeckte. Im Sternbild Schütze standen an diesem 13. Januar 2020

Merkur, Sonne, Saturn und Pluto nahezu exakt in derselben kosmischen Richtung.

Saturn, mit dem Jupiter Ende 2020 die Große Konjunktion zelebrieren wird, symbolisiert als der am langsamsten wandernde unter den mit bloßem Auge sichtbaren Planeten die starke Entschleunigung unseres gegenwärtigen Alltagslebens. Angelehnt an den Mythos von Kronos, der seine Kinder frisst, steht Saturn aber auch für Leid, Krankheit Tod, er wird oft mit Sichel oder Sense dargestellt – man denke etwa an Arnold Böcklin's Gemälde „Die Pest". Dadurch erscheint Saturn in der Konjunktion vom 13. Januar 2020 als ein Bild für die vielen, überwiegend alten Menschen, die in solch kurzer Zeit nacheinander versterben, und für das sich so immens verdichtende Leid, mit dem wir erst noch lernen müssen, angemessen umzugehen.

Sonne und Merkur, die an diesem Tag mit Saturn in Konjunktion traten, erweitern das vielschichtige Bild in die Dimension eines dreigliedrigen Menschen, wie er im Laufe der Evolution geworden ist als wahrnehmender und denkender Nerven-Sinnes-Mensch (Saturn als Repräsentant der obersonnigen Planeten), als fühlender rhythmischer Mensch (Sonne) und als wollender Stoffwechsel-Gliedmassen-Mensch (Merkur als Repräsentant für die untersonnigen Planeten).

Bereichert wurde diese Konjunktion durch Pluto, der 1930 entdeckt wurde, 2006 jedoch seine Anerkennung als Planet verlor. Er wird seither als Zwergplanet aus dem Kuipergürtel geführt, einem Ring um das Sonnensystem, aus dem viele Kometen mit kurzer Umlaufzeit stammen, er ist also ein Komet auf dem Weg, Planet unserer Sonne zu werden. Ihm vorangegangen sind zwei anerkannte transsaturnische Planeten: der 1781 entdeckte Uranus und der 1846 aufgrund mathematischer Berechnungen aufgefundene Neptun.

Diese Transsaturnier charakterisierte Rudolf Steiner als spät zu unserem Planetensystem hinzugekommene Gäste, die als geistige Keime bereits angelegt wurden, als sich dessen Urkörper beim Wiederholen früherer Entwicklungszustände aus der Wärme (zurück blieb auf seiner Bahn Saturn) über den gasförmigen Zustand (zurück blieb Jupiter) und das Wässrige (zurück blieb Mars) bis in das Feste (zurück blieb die Erde) verdichtete, worauf schließlich der Mond (aus der Erde) sowie Venus und Merkur (aus der Sonne) abgegliedert worden sind. Seit frühesten Zeiten der Entwicklung von Erde und Mensch wie aufbewahrt, geht die Entdeckung der transsaturnischen Planeten in der Neuzeit einher mit neuen Bewusstseinsschritten in der Entwicklung der Menschheit.

Als Repräsentant der Transsaturnier erweitert Pluto in der Konjunktion vom 13. Januar 2020 das Bild der dreigliedrigen Wesenheit, wie sie dem Menschen vom Schöpfer verliehen worden ist, und weist auf höhere, nunmehr bewusst und vom Menschen selbst zu entwickelnde Anteile seines Wesens hin. Als makrokosmisches Bild deutet die Konjunktion von Saturn, Sonne, Merkur und Pluto nicht nur auf den Menschen, wie er geworden ist, sondern auch wie er in Zukunft werden kann. Vorausgesetzt, er findet den Willen, sich aus eigener Einsicht diejenigen Ziele seiner Entwicklung zu setzen, die seinem wahren Wesen und dem Wesen der Erde gerecht werden.

Dieses umfassende makrokosmische Leit-Bild des Menschen trägt eine fleckenfreien Sonne, die ruhig und ungestört ihr Licht ausstrahlt. Insofern Perioden der Ruhe und Harmonie im Weltenherz gut geeignet sind für Veränderung und Wechsel, für das Verwirklichen neuer Ideen im Alltäglichen, verstärkt Pluto mit seiner Orientierung auf die Zukunft diese Qualität der Sonne. Mehr noch gilt diese Zukunftsorientierung für die unregelmäßig erscheinenden Kometen, die frische Impulse in das „gutbürgerlich gewordene" Sonnensystem tragen und die

Anlage für Neues noch in weit höherem Maße befeuern, was später noch näher zu behandeln sein wird.

Gehen wir noch etwas näher auf die Planeten in der Konjunktion vom 13. Januar 2020 ein. Gestützt auf die Einsicht, dass sich der Makrokosmos widerspiegelt im Mikrokosmos des Menschen, hat Rudolf Steiner den Merkur mit der Lunge identifiziert.[140] Auf die Frage von Gesundheit und Krankheit der Lunge verweist aber auch Saturn, den er mit der Milz assoziiert[141] als einem Organ, das durch rhythmische Tätigkeit eine Art „Scheidewand" bilden soll zwischen Kräften im „oberen Menschen" und Kräften im „unteren Menschen". Im Sinne einer rhythmischen Grenzbildung zwischen Außen- und Innenwelt besteht die Saturn-Qualität der Milztätigkeit darin, gegenüber dem von außen – etwa in der Nahrung – Andrängenden einen Ausgleich zu schaffen, der sicher stellt, dass sich im Innern der Mensch auf der Grundlage eines ungestörten Rhythmus im Blutkreislauf individualisieren kann.[142] Dieser Rhythmus ist innig verknüpft mit dem Herz, das im Menschen die Sonne repräsentiert. So betrachtet symbolisieren Saturn, Sonne und Merkur in der umfassenden Konjunktion ein gesundes Zusammenspiel von Milz, Herz und Lunge als Grundlage für die Gesundheit des Menschen.

Die Konjunktion vom 13. Januar 2020 ereignete sich vor einem besonderen Sternhintergrund, dem Schützen. Das Sternbild Schütze bildet zusammen mit den gegenüberstehenden Zwillingen eine vertikale Achse zu den Kräften, die aus der Region der Fische und der Jungfrau kommen. Stellt man sich das Ganze als ein Kreuz mit der Erde im Mittelpunkt vor, so ergibt sich die Zuordnung

---

[140] Vgl. R. Steiner, *Okkulte Physiologie*, Vortrag vom 23. März 1911; GA 128, 5. Aufl. 1991, S. 78.
[141] Ebda., Vortrag vom 21. März 1911, S. 36.
[142] Ebda., Vortrag vom 22. März 1911; S. 58ff.

der Fische zum Osten oder zum Morgen, der Jungfrau zum Westen oder zum Abend, der Zwillinge zum Süden oder zum Mittag und des Schützen zum Norden oder zur Mitternacht.

Kennzeichnend für Zwillinge und Schütze ist, im Gegensatz zu Fische und Jungfrau, dass sie ein jeweils polares Prinzip darstellen: die Zwillinge in ihrer zweifach ausgerichteten Doppelheit, der Schütze als eine Art Kentaur in seiner Tier-Mensch-Doppelheit. Deshalb kennzeichnete Steiner die Achse der Morgen- und Abendkräfte von Fische und Jungfrau als heilsam, die vertikale Achse der Mittags- und Mitternachtskräfte von Zwillinge und Schütze dagegen als unheilvoll.[143]

Insofern die Sonne zu Frühlingsbeginn im Sternbild Fische steht, zu Beginn des Sommers in den Zwillingen, beim Herbstanfang in der Jungfrau und zu Beginn des Winters im Schützen, hatte die umfassende Konjunktion als kosmischen Hintergrund nicht nur die „Mitternachtskräfte" des Schützen, sondern auch verhärtend wirkende Tiefwinter-Kräfte. Ebenso umfassend wie vielschichtig lässt sich die Planeten-Konjunktion vom 13. Januar 2020 lesen als kosmischer Appell, die leibliche und spirituelle Gesundheit des Menschen und der Erde insbesondere durch den Erhalt und die Pflege der Rhythmen in den Organen wie auch im alltäglichen Leben zu verwirklichen. Der Sternenhintergrund des Schützen aber deutet zugleich auf die Gefahr, dass dieses Leitbild auch zur Karikatur einer unter ahrimanischen Vorzeichen stehenden Gesundheitsdiktatur verzerrt werden kann, wie sich gegenwärtig bereits in vielerlei Hinsicht anzudeuten scheint.

---

[143] Vgl. Rudolf Steiner, *Individuelle Geistwesen und ihr Wirken in der Seele des Menschen*, 25. November 1917, GA 178, 4. Aufl. 1992, S. 230.

Insofern der Schütze darin, wie oben bereits angesprochen, für die Doppelheit Mensch-Tier steht, kann die Konjunktion auch als Hinweis gedeutet werden auf die ungesunde, für diese oft qualvolle Beziehung des Menschen zur Tierwelt, woraus letzten Endes auch das Corona-Virus hervorgegangen ist.

Noch eine weitere Signatur von Merkur sei angesprochen. Rudolf Steiner bezeichnet den in nahem Abstand um die Sonne kreisenden Planeten als kosmisches Wesen, das wucherndes Leben auf der Erde abzutöten vermag.[144] Ohne Merkur wäre sozusagen die Erde voller Karzinome. Bereits 1914, also unmittelbar vor Ausbruch des ersten Weltkrieges, an dessen Ende die „Spanische Grippe" der Sonne entgegen von West nach Ost über die Erde zog,[145] begann Steiner über ein „soziales Karzinom"[146] zu sprechen. Er verstand darunter das Phänomen, dass im sozialen, insbesondere im wirtschaftlichen Leben immer mehr und weit über die Bedürfnisse hinaus produziert und die Wirtschaft durch künstliche Anreize in einem immer stärker ausufernden Maße angeheizt wird. Gehört doch zur Signatur des Karzinoms das ungebremste Wachstum.

---

[144] Vgl. R. Steiner, *Geisteswissenschaft und Medizin*, 31. März 1920, GA 312, 8. Aufl. 2020, S. 214.

[145] Interessant ist, dass die „Spanische" Grippe im März 1918 aus dem geographischen Herzen der USA (Kansas) über Europa nach Asien zog, kurz nachdem mit Eintritt der USA in den ersten Weltkrieg das „amerikanische Jahrhundert" begann. Im Januar 2020 zieht die SARS-Cov2-Pandemie vom Herzen Chinas (Wuhan) aus über Europa nach Amerika, als die moderne Zivilisation an der Schwelle zum „chinesischen Jahrhundert" steht. Was haben uns 100 „amerikanische" Jahre gebracht – was mögen uns 100 „chinesische" Jahre bringen? Vgl. dazu auch den Beitrag von Andreas Neider.

[146] Vgl. Rudolf Steiner, *Inneres Wesen des Menschen und Leben zwischen Tod und neuer Geburt*, Vortrag vom 4. April 1914; GA 153, 6. Aufl. 1997; S. 172ff.

Einhundert Jahre später hat dieses „soziale Karzinom" das menschliche Leben auf der Erde dermaßen tief durchsetzt, dass nicht nur die Menschheit aus „Maß und Mitte"[147] zunehmend herausfällt, sondern auch die wohlgeordneten Verhältnisse der Erde selber instabil werden. Der durch COVID-19 ausgelöste globale Stillstand des wirtschaftlichen Aktivismus macht über-

---

[147] Mit diesem Ausdruck sei an das lebenslange Herzensmotiv des chinesischen Universal-Gelehrten *Cai Yuanpei* erinnert, der sich von 1907 bis 1911 durch sein Studium in Leipzig tiefgreifend mit der deutschen Kultur vertraut gemacht hat. Vgl. hierzu den Aufsatz des Verfassers: *„Eines der schönsten Erlebnisse meines Lebens"* - *Cai Yuanpei und die Basler Böcklin-Sammlung.* In: *Berliner China-Hefte/Chinese History and Society*, 44 (2014); S. 97-105.

Am 3. Januar 1912 wurde *Cai Yuanpei* zum ersten Erziehungsminister der Provisorischen Regierung der Republik China ernannt. Getreu seinem Motto einer „gegenseitigen Verdauung der Kulturen" wandte er die aus der Begegnung mit der deutschen Kultur abgeleiteten Prinzipien bei der grundlegenden Umwandlung des Erziehungssystems im neuen China an. Die fortschrittlich orientierte Intelligenz Chinas (wozu *Gu Hongming* nicht zählte) war in den folgenden Jahren in hohem Maße offen für die europäische Kultur und hätte diese mit entsprechender Unterstützung aus Europa und den USA (*John Dewey* wirkte an der 1917 von Cai Yuanpei grundlegend reformierten Peking Universität) in dem durch den Opiumkrieg (1839-42) und dessen Folgen politisch, militärisch, wirtschaftlich, spirituell und seelisch ausgebrannten „Reich der Mitte" wohl auch implementieren können, wäre nicht durch die Versailler Verhandlungen das keimende neue China dadurch vor den Kopf gestoßen worden, dass die bis dahin unter deutscher Kolonialherrschaft stehende Provinz Shandong nicht, wie von den Chinesen erwartet, an China zurückgegeben, sondern Japan überantwortet wurde. Damit war nicht nur die Zündschnur für den 1937 aufflammenden zweiten sino-japanischen Krieg gelegt, sondern auch dem aufkeimenden japanischen Imperialismus ein Köder vor die Augen geworfen. Die von Cai Yuanpei an die Peking Universität berufenen Professoren Li Dachao und Chen Duxiu wandten sich darauf als Vordenker kommunistischer Ideen in China dem seit der Oktoberrevolution in Russland wirksamen Marxismus zu, waren jedoch an der 1921 von der Moskauer Komintern begleiteten KP-Gründung in China schon nicht mehr beteiligt. https://de.wikipedia.org/wiki/Kommunistische_Partei_ Chinas#Gründung_1921.

deutlich, in welchem Maße die Menschheit in einer sozialkarzinomatösen Situation gefangen und wie überhitzt inzwischen das ökonomische Leben weltweit geworden ist. Sieht man hinaus über das tiefgehende Leid, das viel zu viele allzu schnell nacheinander sterbende Menschen auslösen, über die sozialen Frakturen, die der Coronabedingte Lock-Down nach sich ziehen wird, und über die tiefen Ängste, die damit notwendig einhergehen, dann spüren viele Menschen zum ersten Mal seit langem wieder, wie das Leben auch sein kann, wenn Ruhe in nie zuvor erlebtem Maße herrscht und weniger auch genug sein kann.

Erst diese Extremsituation lässt wirklich hautnah spüren, wie sehr auch die Erde als Organismus unter den sozialwirtschaftlich-karzinomatösen Tendenzen des postindustriellen Zeitalters leidet. Flüsse und Meere werden wieder sauber, Fische und Schwäne kehren nach Venedig zurück, Delfine schwimmen wieder vor den Häfen, und die Luft in China ist so rein, dass viele chinesische Kinder wohl zum ersten Mal in ihrem Leben den wunderbaren Sternenhimmel erblicken können.

Merkurs Wirken in der umfassenden Konstellation vom 13. Januar 2020, insbesondere aber in seiner Konjunktion mit dem begrenzend wirkenden Saturn, kann uns deutlich machen, dass es nicht nur darum geht, irgendwie, und sei es aus noch so gutem Herzen, den Willen für die Gestaltung einer neuen Welt zu entwickeln, sondern dass dieser Wille in dem Motiv des „Weniger wird mehr sein" gründen muss.

Es gilt, aus dem überhitzten, in sich selbst kreisenden Denken herauszukommen, das wuchernde Leben in eine Haltung des „weniger ist mehr" zu verwandeln und in einer global geeinten Menschheit neue, noch nie gedachte Ideen des sozialen Miteinanders zu verwirklichen. Dabei geht es vor allem anderen darum, das allerhöchste Gut, das wir Menschen haben, nämlich unsere Mutter Erde selbst mit ihren fruchtbaren Böden, ihren belebten Flüssen und reichen Meeren, ihrer reinen Luft, ihren schützenden Hüllen, an den Anfang und in den Mittelpunkt all unserer Bemühungen stellen.

Wie in einem kosmischen Rollenspiel stehen wir derzeit in der Möglichkeit, die Burn-Out-Situation, in der wir kollektiv und global als Menschheit gefangen sind, mit einem kraftvollen Entschluss zur Veränderung ohne lange und tiefgreifend pathologische Periode abzuwenden. Gelingt es uns nicht, dies wahrhaft zu fühlen, das Ruder im Denken kraftvoll umzulegen und die Lähmung im Willen aufzulösen, dann werden wir zweifelsohne in eine derzeit noch kaum vorstellbare dramatische Veränderung unserer Lebensgrundlagen eintreten, welche die Existenz weiter Kreise der Menschheit in weit höherem Maße in Frage stellen dürfte als die gegenwärtige COVID-19-Krise.

Das Corona-Virus, der Hitzesommer 2003 und die Sternensprache der Jahrtausendwende

Als Markstein in der Klimakrise, die mit hohen Sommertemperaturen und langen Trockenperioden einhergeht, gilt der Sommer 2003.[148] Damals kam es in ganz Europa zu einem extremen Hitzesommer, der diesen Begriff neu definieren ließ. Die Sommerhitze von 2003 gilt als eine der größten Naturkatastrophen, die Europa in den letzten 100 Jahren getroffen hat, und forderte rund 45.000 (Europa) bis 70.000 (weltweit) Todesopfer. Kosmologisch ging damit ein einzigartiges Phänomen einher, als der Planet Mars der Erde so nahe kam wie seit 60.000 Jahren nicht mehr und um Mitternacht hell am südlichen

---

[148] https://de.wikipedia.org/wiki/Hitzewelle_in_Europa_2003.

Horizont das Licht der ihm gegenüberstehenden Sonne tief rötlich widerspiegelte.[149]

Ebenfalls 2003 fand eine ungewöhnlich dichte Fülle kosmischer Erscheinungen ihren Abschluss, der viele Menschen ihre Aufmerksamkeit gewidmet hatten. Diese „Sternensprache der Jahrtausendwende"[150] begann 1989, als sich während des gut zweijährigen Sonnenflecken-Maximums zunächst in Ungarn der eiserne Vorhang öffnete, die Berliner Mauer fiel und schließlich die Sowjetunion samt Ostblock zusammenbrach. Europa, wenn nicht die ganze Menschheit sah sich vor die Möglichkeit einer neuen Ära von Frieden, Harmonie und weltweitem Ausgleich gestellt. Die dann allerdings nicht im erhofften Maße eintrat...

Wenige Jahre später betraten im Sonnenflecken-Minimum von 1996 zwei Kometen die himmlische Bühne: Hyakutake und Hale-Bopp. Bemerkenswert war, dass sich ihre Bahnen virtuell vor dem Sternbild des Perseus kreuzten, dem kosmischen Bild für den Erzengel Michael, aus dem jedes Jahr im August die als Perseiden bezeichneten Sternschnuppen in die Erdennächte hineinstrahlen. Das nächste kosmische Großereignis trat in der Nacht vom 16. auf den 17. November 1998 ein – einen Tag früher als prognostiziert: ein grandioser Meteorschauer aus dem Sternbild des Löwen, 32 Jahre nach der letzten Sichtbarkeit dieser als Leoniden bezeichneten Erscheinung. Eine breite Spur großer Feuerkugeln zog in dieser Nacht von Ostasien (Japan, Korea, China) über die Mongolei, Russland und Europa bis hinüber zum nordamerikanischen Kontinent. Neu erstellte

---

[149] Vgl. den Aufsatz des Verfassers: *Ein klingender Wandler – Mars und die Sternensprache der Jahrtausendwende*, in: *Das Goetheanum*, 33-34/2003, S. 8-9.

[150] Vgl. das Buch des Verfassers: *Perseus und die Leoniden. Meteore und Kometen – das neue Schwert des alten Helden*, Dornach 2002, S. 122-127.

Berechnungen sagten voraus, dass auch in den Folgejahren mit vielen Meteoren zu rechnen sei, und tatsächlich traten 1999 über Mitteleuropa, im Jahr 2000 über Palästina und Israel zwei exakt vorhergesagte Leoniden-Schauer auf, gefolgt 2001 von einem prachtvollen Leonidensturm über der südlichen Hemisphäre, wo Beobachter etwa in Australien in vier Stunden mehrere tausend Meteore in der Erdatmosphäre aufglühen sahen. 2002 folgte der Abschluss mit einem weiteren Meteorschauer über Europa. Fünf Jahre lang erlebte die Menschheit jeweils Mitte November Sternschnuppen in großer Fülle aus dem Sternbild Löwe ihre Lichtnahrung in die Erdenwelt hinabsprühen.

Noch vor dem zweiten Leoniden-Auftritt zog ein anderes Ereignis die Menschen auf der nördlichen Halbkugel in ihren Bann: die totale Sonnenfinsternis vom 11. August 1999, deren Sichtbarkeitsspur sich von Nordamerika über Deutschland bis nach Indien zog.[151] Dann zierte am Weihnachtsabend 1999 ein ausdrucksstarkes Kreuz der Planeten den Nachthimmel, gefolgt am 6. Juni 2000 von der Großen Konjunktion zwischen Jupiter und Saturn. Damals befand sich die Sonne bereits wieder im Maximum ihrer Flecken-Aktivität.

Bald darauf erregten erneut und gleich mehrere Kometen Aufsehen, wovon insbesondere einer größere Aufmerksamkeit verdient. Wissenschaftler stellten ihn als Weihnachtskomet vor, weil seine beste Sichtbarkeit im Dezember 2001 einsetzen würde. Mehr noch interessierte, dass er bei seinem allerersten Auftritt in unserem Sonnensystem zunächst zweimal durch das Sternbild des Perseus zog, das wenige Jahre vorher schon die Kometen Hyakutake und Hale-Bopp mit einem virtuellen Bahnkreuz markiert hatten. Dann zog er im Advent 2001 vom

---

[151] Vgl.: H. Ramm, M. Peters, *Die Verfinsterung der Sonne am Jahrtausendende*, Dornach 1999.

nördlichen Sternenhimmel durch das mit dem Christus-Mysterium verbundene Sternbild Fische in den südlichen Sternenhimmel, wo er Anfang 2002 seine größte Helligkeit erreichte. Von dort führte sein Weg durch den Schützen wieder hinauf an das nördliche Firmament, wo seine Bahn von Pfingsten 2002 bis Michaeli 2003 eine herzförmige Figur zwischen die Sternbilder Nördliche Krone (Corona borealis) und Leier (Lyra) zeichnete: Zuerst berührte er die Corona, dann zog er hinüber zur Lyra, um sich nach diesem einmaligem Besuch unseres Sonnensystems schließlich im Sternbild Herkules wieder in die Weiten des Kosmos und seine kosmische Heimat in der Oort'schen Kometenwolke zurückzuziehen.[152]

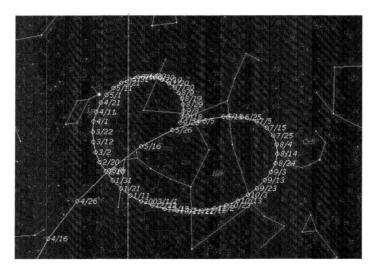

Als der Weihnachtskomet im April 2002 auf die Corona borealis zustrebte, war dies wie ein kosmischer Fingerzeig auf den Namen, den das in der aktuellen Pandemie wirksame Virus trägt. Denn kaum hatte der Komet im August 2002 das Sternbild mit dem Namen Corona

---

[152] Details zur Kometenbahn unter: http://www.aerith.net/comet/catalog/2000WM1/2000WM1.html.

markiert, brach kurz danach auf der Erde die erste von einem Corona-Virus[153] ausgelöste pandemische Lungenerkrankung aus: als SARS bezeichnet nahm das schwere akute Atemwegs-Syndrom im November 2002 in China seinen Anfang, im März 2003 wurde ein Corona-Virus als Auslöser identifiziert. Der Komet C/2000 WM1 (LINEAR) hatte das Aktivieren des Corona-Virus wie auf einer kosmischen Signaltafel angezeigt.

Zugleich wurde 2003 – wie bereits erwähnt – zum ersten Mal den Menschen, vor allem in Europa, mit allergrößter Dringlichkeit gezeigt, dass es so nicht weitergehen kann, dass die Überhitzung der Erde durch wirtschaftliche Aktivität, durch ungehemmtes Verbrennen fossiler Stoffe und Verschwenden schädlicher Treibhausgase unweigerlich in eine immer schnellere Folge von Katastrophen münden wird. Das zeigte sich im weiteren Verlauf daran, dass anstelle der für einen längeren Zeitraum prognostizierten Wiederkehr[154] der nächste Hitzesommer bereits 2015 eintrat und die Sommerhitze von 2018 – Mars kam damals der Erde erneut sehr nahe – jedem, der sehen kann, mit immensen Flächen vertrockneter Bäume und massiven Ernteausfällen drastisch vor Augen geführt hat, wohin der Klimabruch führen wird. Nicht zu vergessen weitere, mit der Erderwärmung assoziierte Katastrophen auf dem gesamten Globus, zuletzt die monatelangen Waldbrände in Australien.

Das Jahr 2003 war in zweifacher Hinsicht ein Meilenstein, indem es auf der einen Seite verdeutlichte, dass die Klimakrise bereits einen solchen Grad von Intensität erreicht hat, dass selbst unverzügliches Handeln nur noch das Allerschlimmste wird abwenden können, und dass auf

---

[153]   https://de.wikipedia.org/wiki/SARS-Pandemie_2002/2003, https://de.wikipedia.org/wiki/Coronaviridae, https://de.wikipedia.org/wiki/SARS-assoziiertes_Coronavirus.
[154] https://de.wikipedia.org/wiki/Hitzewelle_in_Europa_2003.

der anderen Seite zum ersten Mal ein neuer Viren-Typ pandemisch auftrat, um eine Erkrankung auszulösen, die genau dasjenige Organ betrifft, welches den Menschen am innigsten mit der Erde verbindet: die Lunge.

Es gibt einen Weg hinaus ...

Nun wäre allerdings bedenklich, wenn hierdurch ein kosmologischer Fatalismus ausgelöst würde. Noch bedenklicher wäre, wenn dadurch jenen materialistischen Theorien Vorschub geleistet würde, wonach die neuen Viren aus dem Kosmos gleichsam herein geschneit sind in die Erdenwelt.[155]

Vielmehr geht es darum, die kosmischen Zeichen als – freilassenden – Hinweis für das zu deuten, was auf der Erde vor sich geht, vergleichbar dem, *dass eine pünktlich gehende Bahnhofsuhr nicht die pünktliche Abfahrt des Zuges verursacht.*

Das Besondere ist nun, dass nahezu alle kosmischen Elemente, die in der Sternensprache der Jahrtausendwende eine Rolle gespielt haben, in dem kosmologisch konzipierten „Klingsohr-Märchen" ihren Auftritt haben, das *Novalis* 1799 – inspiriert durch das damalige Leoniden-Meteorschauer – niedergeschrieben hat.

---

[155] R. Steiner fasst seine Kritik an dieser damals schon gepflegten Hypothese in folgende Worte: „Es ist ja sehr schön eine Übersetzung dieses Hereinwirkens der Lebenskräfte ins Materialistische in der schönen Hypothese zustande gekommen, dass von anderen Himmelskörpern die Lebenskeime auf unsere Erde heruntergetragen werden. Also sie werden da so schön in materieller Weise von den anderen Himmelskörpern durch all die Hindernisse hindurchgetragen und erscheinen dann auf unserer Erde, wobei von manchen sogar vorgestellt wird, dass die Meteorsteine ihre Autos sein, durch die sie auf der Erde einfahren." In: *Geisteswissenschaft und Medizin*, GA 312, 8. Aufl. 2020, S. 218.

Dieses Märchen von „Eros und Fabel" enthält beides: zunächst eine dramatische Situation, die ähnlich derjenigen ist, in welche die Menschheit sich derzeit mit Erstaunen, Erstarren und Entsetzen hineingestellt erlebt, ohne recht zu wissen, wie ihr geschieht oder wie es nach dieser Bedrohung der menschlichen Gesundheit weiter gehen könnte; dann aber löst gerade dieses Drama ein heilendes Geschehen aus, das die Beteiligten aus der Katastrophe herausführt. Getragen von der kleinen Fabel, die sich – ähnlich wie Kometen und Sternschnuppen – auf unerwartete Weise einmischt, ohne irgendeine Bindung an Vergangenes, aber getragen von seelischer Substanz, die immer verbindlich ist, weil stets von Geist getragen und immer kosmisch gegründet.

Nach dem harmonischen Auftakt im Reich des himmlischen Königs Arctur nimmt das Drama seinen Lauf, als sich der Knabe Eros durch die Mondtochter in Leidenschaft und Triebe verstricken lässt und daraufhin das gesamte, bis dahin wohlgeordnete Gefüge des elterlichen Haushalts aus den Fugen gerät. Rastlos umherziehend stiftet Eros Verwirrung und Verderben. Erst der kleinen Fabel gelingt es, ihren Milchbruder Eros zu erlösen. Sie steigt hinab in die Hölle, gelangt von dort in das Reich von Arctur und erbittet von dem himmlischen König, der auf seinem Haupt die Nördliche Krone (Corona borealis) trägt, die Leier (Lyra); mit deren Klängen beruhigt sie ihren Bruder, der friedlich in ihren Armen einschläft. Ein Bild, das an die gegenwärtig auf der Erde eingetretene Ruhe erinnert…

Fabel steigt ein zweites Mal hinab in die Unterwelt, gelangt von dort erneut in den Sternenhimmel und erbittet vom kosmischen Gärtner „Blumen, die im Feuer gewachsen sind", mit deren Kraft sie die dunklen Mächte in der Unterwelt besiegen kann. Dann steigt sie ein drittes Mal durch die Hölle hinauf in den Himmel und kann schließlich mit den kosmischen Ingredienzien von

Turmalin, Zink und Gold dem schlafenden Riesen Atlas wieder Lebens- und Willenskräfte in seine Glieder einflößen. Als dies dreifach heilende Geschehen vollzogen ist, kann Eros die himmlische Prinzessin für sich gewinnen. Fortan herrscht Frieden, alles ist gut, weil die Menschen die Götter wieder als diejenigen erkennen, die immer schon unter ihnen gewohnt haben. Alle Wesen begegnen sich wieder in Achtsamkeit, Harmonie und Liebe, das soziale Miteinander ist geheilt, auch zwischen den Wesen auf der Erde und den Wesen im Himmel.

Geht es nicht genau hierum in der Herausforderung durch die Corona-Pandemie: dass die Lösung nicht darin liegen kann, rasch einen Impfstoff zu entwickeln gegen das böse Virus, das ohnehin nächstes Jahr sein Kleid gewandelt haben und uns Menschen stets eine Nasenlänge voraus sein dürfte? Sondern dass wir lernen, wieder miteinander in Geist-getragene Beziehungen einzutreten. Und zwar nicht nur von Mensch zu Mensch, indem wir herauskommen aus Konkurrenzkämpfen, die ohnehin nur viele Verlierer und wenige Gewinner haben. Vielmehr gilt dies auch für unser Verhältnis zur Umwelt: dass wir in Respekt und Achtsamkeit dem Wesen der Natur begegnen, den Tieren vor allem, mit denen wir zu sprechen lernen könnten wie seinerzeit der Heilige Franziskus, aber auch den Pflanzen, von denen wir lernen sollten, was *miteinander leben* bedeuten kann, und dass wir auch Respekt üben gegenüber der unbelebten Natur, anstatt getrieben von Egoismus – und der dahinterstehenden Angst um physische Existenz – die Schätze unserer Erde, die Fruchtbarkeit unserer Böden, den Reichtum unserer Meere schamlos auszubeuten. Dass wir stattdessen achtsam und sorgfältig mit diesem hohen Gut umgehen und sicherstellen, dass noch viele Generationen nach uns an diesem von den Göttern für uns angelegten Schätzen und Guthaben teilhaben können.

Das sind wir übrigens nicht nur unseren Kindern schuldig, sondern letzten Endes – wenn wir das Bewusstsein von Wiedergeburt und Schicksalsgestaltung mit einbeziehen – sogar uns selbst, damit wir auch in Zukunft auf der Erde noch einen Ort finden, wo wir uns wieder inkarnieren, und einen Leib, in dem wir uns weiter entwickeln können.

Wir dürfen unsere Achtsamkeit, unseren Respekt, unsere Liebe aber nicht nur auf die Wesen beschränken, die uns hier auf der Erde begleiten, sondern sollten den gleichen Willen auch in den Kosmos richten, zu den Planeten, den Sternen, den Zukunftsboten aus der Welt der Kometen und Meteore. Das aber bedingt, dass wir auch hinter jedem dieser kosmischen Lichtpunkte ein Geistiges ahnen können, und dass wir versuchen, uns diesem als einem geistigen Wesen so zu öffnen, dass es sich mit uns verbinden kann. Wir üben dies auf der Erde, indem wir uns dem Geistigen der Pflanze, dem Seelischen des Tieres zuwenden; ja indem wir überhaupt erst einmal ein Geistiges in uns selbst bemerken und ernst nehmen, das Geistige im menschlichen Gegenüber wahrnehmen und respektieren und dann vielleicht erleben, wie wir uns nur im Austausch mit diesem anderen Seelischen und Geistigen überhaupt erst weiter entwickeln können.

Die Corona-Krise, die sich 2003 wie mit einem kosmischen Fingerzeig angekündigt hat, macht äußerlich still, innerlich dafür laut mahnend darauf aufmerksam, dass es höchste Zeit ist, das Geistige wieder zum zentralen Inhalt des menschlichen Lebens mit und auf der Erde zu machen. Die Ärztin *Ita Wegman* hat dies 1929 – ein Jahr bevor Pluto in das menschliche Bewusstsein getreten ist – in ihrem Aufsatz über das „Mysterium der Erde" in folgenden Worten zusammengefasst:

„Eine deutliche Sprache reden um uns die Zeichen der Zeit. Natur, sich wandelnd, stellt an uns die ernste Frage, ob wir das Denken wandeln wollen, ob wir erkennen wollen, dass aus Wirrnis und Leid nicht Vernichtung, sondern Vergeistigung des Menschen als des Kosmos Forderung uns erscheint. (...) Der Mensch kann Initiative ergreifen, aber seine Taten wären nur schwach, wenn er nur allein wäre. Doch dessen kann er gewiss sein: belebt er seine Gedanken, macht er Gebrauch von seiner Freiheit, lässt er, wenn auch mit schwachen Kräften, in sich ein Neues entstehen, dann tritt die göttliche Welt an seine Seite und hilft zur kraftvollen Vollendung dessen, was der Mensch aus rechter Erkenntnis und Freiheit beginnt."[156]

---

[156] Aus: Ita Wegman, *Das Mysterium der Erde. Natura – Eine Zeitschrift zur Erweiterung der Heilkunst nach geisteswissenschaftlicher Menschenkunde* 4. Jg. 1929/30, S. 1-6. Vgl. auch: P. Selg, *Das Mysterium der Erde. Das Goetheanum*, 13/2020. S. 6-10.

ANHANG

Weiterführende Literatur und Internetseiten

Die nachfolgend aufgeführten Bücher und Internetseiten möchten dem Leser in der Auseinandersetzung mit der Corona-Krise, ihrer Entstehung und ihren Folgen weiter helfen. Zusammengestellt von Andreas Neider.

Literarische und dichterische Werke und ein Kinderbuch

Giovanni Boccaccio, *Das Dekameron*, aus dem Italienischen übersetzt von Ruth Macchi, Berlin 1985. Boccaccio erzählt in seinem Dekameron von einer Gemeinschaft junger Menschen, die sich in der Zeit der Pestepidemie in Florenz auf einen Landsitz zurückziehen, um sich gegenseitig mit Geschichten zu erfreuen und zu unterhalten. Interessant ist neben den zahlreichen, zum Teil traurigen, zum Teil amüsanten Geschichten, in denen es stets um die Frage des moralischen Handelns geht, vor allem die Rahmenhandlung, die von den zehn Tagen, die die jungen Menschen gemeinsam verbringen, berichtet und dadurch ein Zeit- und Sittenbild aus der Zeit der großen Pestepidemie in Norditalien vermittelt.

Albert Camus, *Die Pest*, aus dem Französischen von Guido G. Meister, Hamburg 1960. Camus schildert in seinem während des Zweiten Weltkrieges entstandenen Roman in Form einer fiktiven Chronik die Ereignisse in einer nordafrikanischen Stadt, die durch einen Ausbruch der längst ausgestorben geglaubten Pestepidemie vollkommen von der Außenwelt abgeschnitten ist. Dabei erweist sich der Arzt und Menschenfreund Bernard Rieux, der zugleich auch als Autor der fiktiven Chronik auftritt, durch seine humanistische und von Menschenliebe geprägte Haltung als Gegenspieler der mit der Seuche immer krasser in Erscheinung tretenden Unmenschlichkeiten unter der Bevölkerung. Camus hat mit diesem Roman das apokalyptische Bild einer in der Isolation lebenden modernen Menschheit gezeichnet.

Kate DiCamillo, *Die wundersame Reise von Edward Tulane,* Hamburg 2006. Ein Kinderbuch, das auch Erwachsene tief berühren kann, mit wundervollen Illustrationen des russischen Künstlers *Bagram Ibatoulline.* Die amerikanische Kinderbuchautorin erzählt hier die herzerwärmende Geschichte des aus Porzellan gefertigten Spielzeughasen *Edward Tulane.* Edward lernt im Laufe dieser Geschichte nicht nur geliebt zu werden, sondern auch selbst zu lieben. Wirkliche Beziehungen, so erfährt der liebenswerte Hase, der immer wieder verlassen und fallen gelassen wird, entwickeln sich nicht so, wie man es gerne hätte, sondern indem man lernt, dem, was sich entwickeln will, ergeben zu sein.

Wilfried Hammacher, *Die sieben Worte am Kreuz und das Ostermysterium. Eine Dichtung,* Stuttgart 2020. Wilfried Hammacher, der Begründer und langjährige Leiter der Novalis-Schule für Sprache und Schauspiel, zeichnet mit seiner jüngsten Dichtung ein intensiv wirksames Leidensbild der Geschehnisse in den letzten Lebensstunden des Christus-Jesus am Kreuz. Die Dichtung gliedert sich entsprechend der sieben letzten Worte Jesu in sieben Kapitel, eingeleitet durch einen Blick auf den Richtspruch des Pilatus und mit einem Ausblick auf den Ostermorgen. Der großformatige Band ist mit farbigen Illustrationen von *Rembrandt, Margareta Woloschin, Matthias Grünewald* und anderer Künstler, die das Leid am Kreuz auf eindrucksvolle Weise wiedergeben, ausgestattet. Der Band eignet sich insbesondere zur meditativen Vertiefung des in den Evangelien geschilderten Geschehens um Tod und Auferstehung Jesu.

Seamus Heaney, *Die Amsel von Glanmore: Gedichte 1965 – 2006,* herausgegeben von Michael Krüger, Frankfurt M. 2011. In dieser zweisprachigen Anthologie der schönsten Gedichte des nordirischen Nobelpreisträgers kommt die präzise Kraft seiner die Natur und die menschliche Tätigkeit an ihr umfassenden Sprache besonders stark zum Ausdruck. Die Farben und Gerüche seiner Landschaft, der Wind und das Meer, die Strohdächer und die archaischen Werkzeuge der Bauern, das alles sind nicht Elemente einer nostalgischen Beschreibung vergangener Zeiten, sondern durch intensives und genaues Wahrnehmen gewonnene Momentaufnahmen einer sich wandelnden Welt, in der es umso mehr auf die in sich ruhenden Objekte und ihr Bestehen in dem sie wahrnehmenden Menschen ankommt.

Yu Hua, *Die sieben letzten Tage,* Frankfurt M. 2017. In dieser beißenden und scharfen Kritik am modernen China erlebt der Protagonist in den sieben Tagen nach seinem Tode, in einer Art Zwischenreich zwischen dem Diesseits und dem Jenseits, wie die irdische Welt von jenseits der Todesschwelle aussieht und was mit all den anderen Verstorbenen nach ihrem Tode passiert. Er begegnet hier den Menschen, die er im Leben gekannt hat, wieder, unter anderem seinem Ziehvater, der ihn, als er von seinen Eltern frisch geboren ausgesetzt worden war, gefunden und groß gezogen hatte. Eine berührende und neuartige Perspektive auf das Leben im China von heute.

Novalis, *Hymnen an die Nacht,* in: Werke, herausgegeben und kommentiert von Gerhard Schulz, Studienausgabe, München 1981. In seinen Hymnen an die Nacht hat sich Novalis mit dem Tod und seiner Überwindung durch das christliche Mysterium auf dichterische Weise auseinander gesetzt. Diese um 1799 herum entstandene Dichtung dringt in einmaliger Weise in die Tiefen des Geheimnisses der Überwindung des Todes ein und beschreibt dabei auch den persönlichen Weg, den Novalis in der Auseinandersetzung mit dem Tode seiner Geliebten *Sophie von Kühn* gegangen ist. Der einmalige Zauber, den diese Dichtung bis heute in unvergänglicher Weise ausstrahlt, vermag insbesondere in Krisenzeiten wie der jetzigen uns an die eigentliche Dimension unseres Menschseins zu heran zu führen. In seinem ***Märchen von Eros und Fabel,*** das im 9. Kapitel von **Novalis'** Dichtung **Heinrich von Ofterdingen** enthalten ist, wird die kosmische Signatur, die Hartmut Ramm in seinem Beitrag beschrieben hat, auf märchenhaft-dichterische Art vorausschauend verarbeitet.

Liao Yiwu, *Die Wiedergeburt der Ameisen,* Frankfurt M., 2016. Ders., ***Drei wertlose Visa und ein toter Reisepass.*** *Meine lange Flucht aus China,* Frankfurt M. 2018. Liao Yiwu wurde im Anschluss an das Massaker der chinesischen Staatsführung auf dem Tian'anmen-Platz in Peking 1989 für vier Jahre in Gefängnishaft genommen, weil er sich in einem Gedicht kritisch zu den Geschehnissen geäußert hatte. In seinem Roman „Die Wiedergeburt der Ameisen", der zum Teil noch in der Gefängnishaft unter abenteuerlichen Bedingungen entstanden ist, schildert der Autor nicht nur die grausamen Bedingungen, unter denen er vier Jahre lang zu leiden hatte, er verwebt damit vor allem die Geschichte seiner Vorfahren, die aus einfachsten Verhältnissen stammten und die ebenfalls unter den Gewalttaten der kommunistischen Herrschaft in China zu leiden hatten. Auf diese Weise entsteht ein lebendiges Bild der Vergangenheit und Gegenwart Chinas, seiner Menschen und ihrer Leiden unter der nach wie vor ungebrochenen Herrschaft einer kommunistischen Partei, die für sich in Anspruch nimmt, die neue Weltmacht des 21. Jahrhunderts zu sein. In seinem Reisebericht „Drei wertlose Visa und ein toter Reisepass" schildert Yiwu, wie es ihm 2011 gelang, aus China über Vietnam nach Deutschland zu flüchten. Eingebettet in diese Geschichte seiner Flucht sind immer wieder Geschichten aus seiner chinesischen Vergangenheit. Heute lebt der Autor im Exil in Berlin. 2012 hat er für sein schriftstellerisches Werk den Friedenspreis des Deutschen Buchhandels erhalten.

Medizinische und volkspädagogische Literatur

Paula Bleckmann, Ingo Leipner, *Heute mal bildschirmfrei.* *Das Alternativprogramm für ein entspanntes Familienleben.* München 2018. In diesem pädagogischen Ratgeber werden Alternativen zum Sitzen an den Bildschirmen aufgezeigt und praktische pädagogische Hilfen für den Alltag gegeben.

Volker Fintelmann, ***Die Wiedergewinnung des Heilens.*** *Wege zu einer christlichen Medizin,* Frankfurt M. 2017. Der anthroposophische Arzt Volker Fintelmann übt in diesem Buch leidenschaftliche Kritik am heutigen durchgehend ökonomisierten Gesundheitssystem. Dem hält er eine neue Medizin auf der Grundlage seines Verständnisses des Christentums entgegen. Im Zentrum des Buches stehen dabei die Heilungsgeschichten aus den Evangelien, anhand derer er in Anknüpfung an Rudolf Steiner ein neues Verständnis des christlichen Heilens entwickelt.

Gesund aufwachsen in der digitalen Medienwelt – Eine Orientierungshilfe für Eltern und alle, die Kinder begleiten, hrsg. von diagnose:media, mit einem Vorwort von Michaela Glöckler, Stuttgart 2019, erhältlich bei www.shop.diagnose-funk.org . In diesem Ratgeber werden besonders für die jetzige Krise, in der Kinder und Jugendliche überwiegend zu Hause sein müssen, klare Empfehlungen gegeben, wie mit den digitalen Medien in welchem Alter umgegangen werden sollte und vor allem, welche sinnvollen Alternativen es pädagogisch gesehen dazu gibt. Siehe dazu auch den Ratgeber von Paula Bleckmann und Ingo Leipner.

Michaela Glöckler, *Was ist anthroposophische Medizin?* *Wissenschaftliche Grundlagen, therapeutische Möglichkeiten, Entwicklungsperspektiven,* Dornach 2017. Anthroposophische Medizin ist ein integrativmedizinisches System, das die schulmedizinischen Vorgehensweisen mit dem spirituellen Menschen- und Naturverständnis der Anthroposophie verbindet. Sie überzeugt durch ihr entwicklungsorientiertes Vorgehen, bei dem der Patient und seine Geschichte im Mittelpunkt stehen, so wie durch das sozialtherapeutische Engagement, das in ihr steckt. Michaela Glöckler beschreibt den aktuellen Stand der Verbreitung dieser Therapierichtung und ihres diagnostischen und therapeutischen Spektrums. Ihr Anliegen ist auch, die soziale Dimension von Krankheit und Gesundheit bewusst zu machen, Schicksalsfragen zu thematisieren und aufzuzeigen, was der Einzelne für seine Gesundheit und die seiner Mitmenschen tun kann. Damit ist eine Informationsschrift entstanden, die auch verdeutlicht, warum wissenschaftlicher Methodenpluralismus und Therapiefreiheit für die Weiterentwicklung des Gesundheitswesens und ein modernes Krankheitsverständnis unabdingbar sind.

Michaela Glöckler, Schule als Ort gesunder Entwicklung. Erfahrungen und Perspektiven aus der Waldorfpädagogik für die Erziehung im 21. Jahrhundert, Stuttgart 2020. In ihrem jüngsten Buch beschreibt Michaela Glöckler, wie eine gesund machende Erziehung in der Gegenwart aussehen kann. Anhand des Lehrplans der Waldorfpädagogik entwickelt sie für alle Altersstufen ein ermutigendes und zu eigenem pädagogischen Tun anregendes Bild der pädagogischen Mittel und Methoden der Waldorfpädagogik. Insbesondere in einer Zeit, in der auch auf dem Hintergrund der Corona-Krise immer mehr nach digitalen Bildungsmitteln gerufen wird, stellt dieses Buch einen wohltuenden Kontrapunkt dar und macht deutlich, wie das Prinzip der Salutogenese einzig und allein vom Menschen selbst und nicht durch Maschinen vermittelt werden kann.

Melanie Mühl, *Mitfühlen – Über eine wichtige Fähigkeit in unruhigen Zeiten,* München 2018. Melanie Mühl fragt, wo eine der entscheidenden Fähigkeiten der Gegenwart geblieben ist: das Mitgefühl, das mehr ist als Empathie. Denn wer wirklich mitfühlt, lässt auch Taten folgen. Ein inspirierendes und hochaktuelles Buch über die Grundlagen unseres Zusammenlebens, das die wichtige Frage stellt: Können wir Mitgefühl tatsächlich lernen? Mühls Buch ist ein überzeugendes Plädoyer für das aktive Mitfühlen – eine Fähigkeit, die insbesondere nach der Corona-Krise, in der alle Menschen zur Distanz und Selbstisolation aufgefordert wurden, von größter Bedeutung sein wird.

Rudolf Steiner, *Epidemien,* Hrsg. von *Taja Gut,* Dornach 2010. In dieser kleinen Schrift sind die zentralen Aussagen Rudolf Steiners, von denen wir die wichtigsten in unserem Texte zitiert haben, zusammengestellt und nach bestimmten Themen geordnet.

Tankred Stöbe, *Mut und Menschlichkeit. Als Arzt weltweit in Grenzsituationen,* Frankfurt M. 2019. „Ich habe weniger Angst vor den Schwierigkeiten dieser Welt, weil ich gesehen habe, was Menschen in Extremsituationen leisten können. Davon können wir viel lernen." Was zählt wirklich im Leben? Tankred Stöbe hat seine Antwort auf diese Frage gefunden. Seit Jahren ist er als Arzt in Krisengebieten in der ganzen Welt unterwegs. Ein heimlicher Grenzübertritt in einem Dschungel in Myanmar oder Tage und Nächte ohne Schlaf in einer Höhlen-Klinik in Syrien – seine Einsätze verlangen ihm alles ab. Dabei trifft er selbst in den ausweglosesten Situationen auf selbstlosen Mut und tiefberührende Menschlichkeit. Seine Erlebnisse geben ihm Hoffnung: „Wir verwehren uns vielen Erfahrungen aus einem Sicherheitsbedürfnis heraus. Aber es lohnt sich, die eigenen Grenzen auszuloten, egal in welchem Bereich. Jeder kann über sich hinauswachsen." Ein ermutigendes Plädoyer für Solidarität, Courage und Menschlichkeit.

Politische und zeitgeschichtliche Literatur zum Verständnis Asiens und Chinas im 21. Jahrhundert

Peter Frankopan, ***Die neuen Seidenstraßen.*** *Gegenwart und Zukunft unserer Welt*, Berlin 2019. Frankopan entwickelt in seinem bahnbrechenden zeitgeschichtlichen Buch ein aufrüttelndes Bild der gegenwärtigen geopolitischen Veränderungen. Diese werden anders als im 19. und 20. Jahrhundert nicht mehr vom Westen ausgehend, sondern vom Osten, insbesondere von China bestimmt. Dabei bleibt Frankopan jedoch nicht bei einer einseitigen Kritik chinesischer Machtinteressen stehen, sondern zeichnet ein umfassendes und genaues Bild davon, wie die aufstrebenden Mächte aus dem Innern Asiens sich anschicken die westliche Welt mehr und mehr unter ihren Einfluss zu bringen.

Pankaj Mishra, ***Aus den Ruinen des Empires.*** *Die Revolte gegen den Westen und der Wiederaufstieg Asiens*, Frankfurt M. 2018. Mishras Buch ist eine Offenbarung, denn es zeigt dem westlichen Leser erstens, in welcher Weise Asien, vor allem Indien, China und Japan, im 19. Jahrhundert von England und Amerika aus kolonisiert, ausgebeutet und auf brutalste Weise unterdrückt wurde. Zweitens wird aus seiner Darstellung heraus verständlich, wie die Asiaten sich gegen ihre Unterdrückung und Ausbeutung gewehrt haben und in welchen Phänomenen das im Laufe des 20.Jahrhunderts sichtbar geworden ist. Nicht nur an die weltweite Ausbreitung des Buddhismus und an die Wiedererstarkung des Islams, vor allem an die wirtschaftliche Entwicklung Chinas und die „neuen Seidenstraßen" ist hierbei zu denken. Mishra schreibt als Inder mit großer Empathie für die asiatischen Kulturen und macht uns dadurch die heutige Weltlage in neuer Weise verständlich.

Literatur zur anthroposophischen Meditation, zur goetheanistischen Naturbeobachtung und zum vertieften Verständnis der Evangelien

Jochen Bockemühl, *Auf den Spuren der biologisch-dynamischen Präparatepflanzen: Lebensorgane bilden für die Kulturlandschaft,* Dornach 2005. Was sich zunächst wie der Titel eines Fachbuches für bio-dynamische Landwirte anhört, entpuppt sich bei genauerem Hinsehen als eine gelungene Einführung in die goetheanistische Natur- und Landschaftsbetrachtung. Das reich und farbig illustrierte Buch möchte dazu anregen, sich auf neue Weise mit der Natur zu verbinden und die eigenen vielseitigen Beziehungen zur Natur deutlicher wahrzunehmen und zu erleben. Es möchte dem Bestreben entgegenkommen, im Sinne der Erscheinungen des Lebens beobachten und denken zu lernen, auf seelisch-geistige Wirkungen im Lebenszusammenhang der Erde aufmerksam zu werden, sie ernst zu nehmen und von daher die eigene Tätigkeit in der Gestaltung von Natur neu zu orientieren. Die in der biologisch-dynamischen Landwirtschaft für die Pflege des Kulturlandes verwendeten Heilpflanzenpräparate dienen dazu als exemplarisches Anschauungsmittel.

Michaela Glöckler, *Meditation in der Anthroposophischen Medizin. Ein Praxisbuch für Ärzte, Therapeuten, Pflegende und Patienten,* Berlin 2016. In diesem Buch werden die Möglichkeiten der Meditation sowohl für Ärzte und Pflegende wie für Patienten auf der Grundlage der zahlreichen Meditationsangaben und Mantren Rudolf Steiners dargestellt und erläutert. Das Buch zeigt, wie das Verständnis von Krankheiten und deren Heilung durch ein meditatives Leben gestärkt und befruchtet werden kann.

Georg Kühlewind, Die Wahrheit tun. Erfahrungen und Konsequenzen des intuitiven Denkens, Stuttgart 2006. Ders., **Wege zur fühlenden Wahrnehmung**, Stuttgart 2019. Ders., **Gesunden im Licht.** Die Heilungen in den Evangelien, Stuttgart 2004. Hier seien drei von Georg Kühlewinds zahlreichen Büchern über die Meditation empfohlen. In Die Wahrheit tun, seinem bereits in den 70er Jahren geschriebenen grundlegenden Buch macht uns Kühlewind mit der eigentlichen Natur des Denkens vertraut. Schritt für Schritt wird der Leser im Meditieren des Gelesenen tiefer in die Erfahrung des intuitiven Denkens hinein geführt. In **Wege zur fühlenden Wahrnehmung** hat Kühlewind einen umfassenden Kanon von auf die eigentliche anthroposophische Meditation vorbereitenden Übungen, die sich vor allem mit der Sinneswahrnehmung beschäftigen, beschrieben. Dabei geht es vor allem darum, das unseren Sinneswahrnehmungen zugrunde liegende Fühlen bewusst zu machen. **Gesunden im Licht** beschäftigt sich wie einige weitere Bücher Kühlewinds mit dem Inhalt der Evangelien und wendet sich hier den Heilungsgeschichten zu. Wie war es möglich, dass der Christus aus dem Geist heraus solche Heilungen vollziehen konnte und um welche Art von überbewusstem Geist handelte es sich dabei? Auch hier führt uns Kühlewind auf einem meditativen Weg zu dem in unserem Bewusstsein überbewusst wirksamen Geistigen.

Andreas Neider, *Denken mit dem Herzen. Wie wir unsere Gedanken aus dem Kopf befreien können*, Stuttgart 2019. In diesem Buch zeigt der Verfasser anhand zahlreicher Meditationsübungen einen Weg, wie unser an den Kopf gebundenes Denken durch das Denken mit dem Herzen überwunden werden kann. Anhand zahlreicher Beispiele aus den asiatischen Kulturen aber auch aus der christlichen Tradition zeigt er zunächst, wie in früheren Zeiten ein vom Herzen ausgehendes fühlendes Wahrnehmen geübt wurde. In der heutigen Zeit geht es jedoch vor allem darum, das intellektuelle, an den Kopf gebundene Denken zu verwandeln. Dabei geht der Verfasser insbesondere auf den von Rudolf Steiner gegebenen „Anthroposophischen Seelenkalender" ein. Er beschreibt aber auch Übungen, die helfen können, die Hindernisse, die dem Denken mit dem Herzen entgegenstehen, zu überwinden.

Friedrich Rittelmeyer, *Briefe über das Johannes-Evangelium.* *Mit einer Übersetzung des Johannes-Evangeliums*, Stuttgart 1999. Dieses zuerst posthum nach dem Zweiten Weltkrieg erschienene Werk des Begründers der Christengemeinschaft führt den Leser nicht nur in die Tiefen des wohl am schwersten verständlichen der vier Evangelien ein. Es bringt uns den Text des Johannes-Evangeliums zugleich in einer von Rittelmeyer eigens für dieses Buch geschaffenen Neuübersetzung nahe. Rittelmeyers meditative Betrachtungen sind keine Bettlektüre, sie erfordern ein intensives Mitdenken und Mitfühlen, das Zeit erfordert. Doch die Mühe des intensiven und vor allem langsamen Lesens wird mit tiefen Einsichten in dieses christliche Zeugnis des Lieblingsjüngers des Herrn belohnt.

Peter Selg (Hrsg.), *Es war einer krank.* *Die Heilungen in den Evangelien*, Stuttgart 2003. Dieses heute leider vergriffene, im Antiquariatshandel aber nach wie vor erhältliche Werk stellt sämtliche Heilungsgeschichten in den vier Evangelien in der Übersetzung Emil Bocks in den Kontext des therapeutischen Auftrags des Christentums. Einführung und Kommentar Peter Selgs sowie weitere begleitende Texte von Rudolf Frieling und Friedrich Rittelmeyer verdeutlichen nicht nur das heilende Wirken des Christus-Jesus, sie zeigen auch auf einmalige Weise, wie sich der Leser einen Zugang zu den spirituellen Dimensionen dieser Heilungsgeschichten und damit auch zu ihren heilsamen Kräften erarbeiten kann. Die dem Buch beigegebenen farbigen Illustrationen mit zahlreichen Darstellungen der Heilungen aus der christlichen Kunst des Mittelalters und der Neuzeit ergänzen dieses Werk auf erfrischende Weise.

Rudolf Steiner, *Die Wochensprüche des anthroposophischen Seelenkalenders* *im Doppelstrom der Zeit*, hrsg. und mit einem Nachwort von Michael Debus, Dornach 1998. Auf den umfangreichsten Meditationstext mit den Wochensprüchen Rudolf Steiners wurde im Haupttext dieses Buches ja bereits ausführlich hingewiesen. Die das Miterleben des Jahreslaufs Woche für Woche vertiefenden Meditationen gehören zum wichtigsten Meditationsgut, das uns Rudolf Steiner hinterlassen hat. Es gibt zahlreiche weitere Meditationen, die sich mit dem kosmischen Hintergrund des Jahreslaufes beschäftigen, so etwa **Die zwölf Stimmungen** und **Die zwölf Monatstugenden.** Sie sind enthalten in dem Band **Meditationen für Tag und Jahr,** Dornach 2004.

Kosmologische und christologische Literatur

Hartmut Ramm, ***Der Sonne dunkle Flecken.*** *Die Jahrtausendwende im Zeichen eines jungen kosmologischen Symptoms*, Dornach 1998. Leider ist dieses Buch schon seit längerem vergriffen und auch im Antiquariatshandel nicht mehr erhältlich. In entsprechende Bibliotheken kann es jedoch ausgeliehen werden.

Hartmut Ramm hat in diesem Buch das Phänomen der Sonnenflecken, ihr rhythmisches Zu- und Abnehmen und deren Auswirkung auf unser menschliches Leben in umfassender Weise anthroposophisch und naturwissenschaftlich dargestellt. Das Buch enthält eine Fülle von Einsichten in ein bislang immer noch rätselhaftes Geschehen auf der Sonne und macht uns auf verblüffende Weise unseres Zusammenhangs mit der Sonne und ihrem Leben bewusst. Dabei erschließt er auch die erstaunliche Fülle von Aussagen Rudolf Steiners zu diesem Phänomen. Ein bis heute unübertroffenes Werk anthroposophischer Kosmologie.

In einem zweiten Buch zur Kosmologie ***Perseus und die Leoniden.*** ***Kometen und Meteore – das neue Schwert des alten Helden,*** Dornach 2002, geht Hartmut Ramm auf die Meteorströme zu Beginn unseres dritten Jahrtausends ein und stellt sie in einen Zusammenhang mit den Zeiterscheinungen der Jahrtausendwende, wozu eben auch die erwähnten Pandemie gehören.

Rudolf Steiner, ***Die geistige Führung des Menschen und der Menschheit.*** *Geisteswissenschaftliche Ergebnisse über die Menschheits-Entwicklung*, GA 15, Dornach 1987. Zur Einführung in das kosmologisch-christologische Verständnis der gegenwärtigen Menschheitskrise kann neben den zahlreichen Vorträgen und Grundwerken vor allem diese kleine Schrift dienen. Hierin macht Rudolf Steiner auf den Zusammenhang des Wirkens des Christus mit dem individuellen menschlichen

Leben, aber auch mit der Gesamtentwicklung der Menschheit in Gesundheit und Krankheit aufmerksam.

Zum Abschluss noch ein Bildband

Konrad Oberhuber, *Raffael. Das malerische Werk*, München 1999. Aus Anlass des 500. Todestages Raffaels am 7. April 2020 sei an dieser Stelle auf den wundervollen Bildband zu Raffaels Leben und Werk verwiesen, der inzwischen leider auch nur noch antiquarisch zu haben ist. Aber es lohnt sich, Raffaels Meisterwerke hier noch einmal von einem Kenner mit anthroposophischem Hintergrund dargestellt und abgebildet zu sehen und zu verstehen, warum Raffael nicht nur an einem Karfreitag geboren, sondern nach 37 Jahren auch an einem Karfreitag gestorben ist.

Weiterführende Internetseiten

www.akanthos-akademie.de

Der von Christoph Hueck imitierte Blog bringt aktuelle Beiträge der Akanthos-Akademie zur weiteren Entwicklung der Corona-Pandemie, stellt kritische Fragen und weist auf anthroposophische Aspekte der Pandemie hin.

https:/youtu.be/NxRkyBcDDlo

Der YouTube-Kanal der Akanthos-Akademie präsentiert eine Podcast-Serie zum vorliegenden Buch mit Interviews mit den Autoren Michaela Glöckler, Andreas Neider, Hartmut Ramm und mit Christoph Hueck.

www.multipolar-magazin.de

Eine seriöse, medizinisch-wissenschaftlich orientierte Seite mit fundierten und kritischen Beiträgen zur Corona-Krise.

www.swprs.org/COVID-19-hinweis-ii

Diese Schweizer Seite liefert ebenfalls kritisches Hintergrundmaterial zur Corona-Krise und hinterfragt die offiziellen Verlautbarungen insbesondere des RKI und anderer staatlicher Einrichtungen.

www.lockdownsceptics.org
Eine englischsprachige Seite, die den Lockdown und seine Auswirkungen kritisch hinterfragt, ebenfalls wissenschaftlich, aber ausgewogen orientiert.

www.aerzte-ohne-grenzen.de
Ärzte ohne Grenzen ist eine internationale Hilfsorganisation, in der sich Ärzte und therapeutisch Tätige international vor allem in Krisengebieten für die Gesundheitsversorgung bedrohter Bevölkerungsgruppen einsetzen.

www.borderline-europe.de
Borderline-Europe setzt sich für den Schutz von Flüchtlingen an den Auengrenzen Europas ein und versucht vor allem auf dem Rechtswege aber auch durch direkte Hilfsinterventionen, den Flüchtlingen zu helfen.

www.warmuptofever.org
Diese Webseite von Dr. David Martin dient vor allem der Aufklärung über den Sinn des Fiebers bei infektiösen Erkrankungen und stellt eine App zur Unterstützung von Eltern zur Verfügung.

www.aufwach-s-en.de
Auf dieser Webseite findet sich das Bündnis für humane Bildung und eine Petition zum Recht auf eine bildschirmfreie Schule.

www.eliant.eu
Eliant ist ein Zusammenschluss europäischer anthroposophischer Initiativen, die sich auf EU-Ebene für eine Freies Geistesleben und die Rechte des freien Schulwesens, der Komplementärmedizin und der biologisch-dynamischen Wirtschaftsweise einsetzen.

www.diagnose-funk.org
Diagnose: Funk setzt sich für den Schutz vor elektromagnetischen Wellen durch die Mobilfunktechnologie ein und für die

Aufklärung über die gesundheitsschädigenden Wirkungen dieser Technologie.

www.goetheanum.org
Das *Goetheanum* ist der Sitz der Allgemeinen Anthroposophischen Gesellschaft und der Freien Hochschule für Geisteswissenschaft. Es ist das internationale Veranstaltungszentrum der anthroposophischen Bewegung und bringt insbesondere Goethes *Faust*, die *Mysteriendramen* Rudolf Steiners sowie zahlreiche eurythmische Werke regelmäßig zur Aufführung.

www.medsektion-goetheanum.org/anthroposophische-medizin
Die *Medizinische Sektion am Goetheanum* ist eine internationale Forschungsgemeinschaft, die die Weiterentwicklung der anthroposophischen Medizin weltweit fördert und dazu internationale Tagungen und Kongresse durchführt.

www.gaed.de
Die *Gesellschaft anthroposophischer Ärzte* vertritt die anthroposophische Medizin in Deutschland und informiert über anthroposophische Therapieangebote in Deutschland sowie über entsprechende Veranstaltungen.

www.gesundheit-aktiv.de, www.anthrosana.ch/deutsch
Gesundheit aktiv und *anthrosana* sind die Patientenvereinigungen für anthroposophische Medizin in Deutschland und der Schweiz. Sie setzen sich für die Rechte der Patienten auf eine freie Therapiewahl und für die anthroposophische Medizin ein.

ÜBER DIE AUTOREN

Michaela Glöckler, Dr. med., Kinderärztin. Bis 1987 am Gemeinschaftskrankenhaus Herdecke und schulärztliche Tätigkeit an der Rudolf Steiner Schule Witten, 1988 bis 2016 Leitung der Medizinischen Sektion am Goetheanum/Schweiz, Mitbegründerin der Alliance for Childhood und der Europäischen Allianz von Initiativen angewandter Anthroposophie/ELIANT. Internationale Vortrags- und Seminartätigkeit. Publikationen: Was ist Anthroposophische Medizin? Schule als Ort gesunder Entwicklung, Kindersprechstunde (zusammen mit Wolfgang Goebel und Karin Michael), Macht in der zwischenmenschlichen Beziehung u.a.

Andreas Neider, M.A., Jahrgang 1958, Studium der Philosophie, Ethnologie, Geschichte und Politologie. 17 Jahre Tätigkeit im Verlag Freies Geistesleben, zunächst als Lektor und dann als Verleger. Seit 2002 Leiter der Kulturagentur „Von Mensch zu Mensch". Seit 14 Jahren Veranstalter der jährlich stattfindenden Stuttgarter Bildungskongresse. 2015 Mitbegründer der Akanthos-Akademie Stuttgart e.V. Referent für Anthroposophie, Meditation, Medienpädagogik und Kritik der digitalen Transformation. Zahlreiche Veröffentlichungen im Verlag Freies Geistesleben und im Rudolf Steiner Verlag. Kontakt über Email aneider@gmx.de und Webseite: www.andreasneider.de

Hartmut Ramm, Dr. rer. nat., Jg. 1957, studierte nach der Gärtnerlehre Gartenbau (Hannover) und Biologie (Basel), ist im Heilpflanzenanbau und in der botanischen Grundlagenforschung tätig und beschäftigt sich daneben auf anthroposophischer Grundlage mit kosmologischen Studien sowie chinesischer Kultur und Geschichte.

Andreas Neider
Digitale Zukunft? Kritische Betrachtungen zur digitalen Transformation und wie wir ihr wirksam begegnen können

Akanthos Akademie Edition
Zeitfragen

Books on Demand,
3. Auflage 2019
120 Seiten, € 14,90
ISBN-13: 9783749410507

Eine neue Ära, das sogenannte 5G- (fünfte Generation) Internet soll einen technologischen Wandel, eine „Disruption" gegenüber dem bisherigen Stand der Digitalisierung bringen. Dabei geht es um eine neue Stufe der Verfügbarkeit des Menschen und der Dinge (Industrie 4.0 und „Internet der Dinge"), im Kern um die Steuerung komplexer, von Maschinen ausgeführter Vorgänge in Echtzeit.

Diese neue Stufe der beschleunigten und immens vervielfachten Datenübertragung und elektromagnetischen Strahlenbelastung birgt enorme gesundheitliche, ökologische und rechtliche Risiken bis hin zur möglichen Überwachung der Nutzer in bisher ungekanntem Ausmaß, die jedoch von Politik und Wirtschaft weitestgehend heruntergespielt und ignoriert werden. Einer ausführlichen Kritik der Digitalisierung und der Fixierung auf die Verfügbarkeit und Steuerbarkeit immer größerer Anteile des menschlichen Lebens stellt der Autor den sich selbst bestimmenden und sein eigenes Denken und Handeln spirituell erfassenden Menschen gegenüber.

Auf welchen Wegen sich ein zunächst mehr oder weniger unbewusster Drang zu einer realen Erfahrung des Geistigen weiter entwickeln lässt, dazu will dieses Buch den Weg weisen.

AKANTHOS AKADEMIE EDITION ZEITFRAGEN
Das zweite Buch zur Corona-Krise

Charles Eisenstein – Thomas Hardtmuth
Christoph Hueck – Andreas Neider
Corona und die Überwindung der Getrenntheit
Neue medizinische, kulturelle und anthroposophische Aspekte der Corona-Pandemie
Akanthos Akademie Edition Zeitfragen
Books on Demand, 2020
Erscheint Anfang Juli 2020
Ca. 172 Seiten, ca. € 16,95
ISBN 9783750426634

Die Corona-Krise bringt in extremer Weise einen konstitutionellen Zustand unseres modernen Bewusstseins zum Ausdruck, einen Zustand, den wir generell als *Getrenntheit* erleben.

Neben kritischen Analysen des Verständnisses der evolutionären Bedeutung der Viren sowie der politischen Aspekte der viel beschworenen Impfstoffe gegen COVID-19 geht es in diesem Folgeband zu *Corona – eine Krise und ihre Bewältigung* vor allem um die Schritte, die wir im Sinne der Anthroposophie auf dem Wege einer Überwindung der *Getrenntheit* gemeinsam gehen können.

Inhalt

Thomas Hardtmuth: Das Corona-Syndrom – warum die Angst gefährlicher ist als das Virus

Christoph Hueck: Impfung, Impfnachweis, Impflicht – Ideologie der Kontrolle versus ethischer Individualismus

Charles Eisenstein: Die Krönung – in was für einer Welt wollen wir leben?

Andreas Neider: Corona – Gegenbild einer notwendigen Bewusstseinsveränderung